CHRISTIAN BOURIT

Je m'autorise au bonheur !

En finir avec les problèmes à répétition

jouvence
EDITIONS

Extrait de la collection Poches Jouvence

La grande illusion de la technique, Jacques Neirynck, 2006
Transformez votre stress en vitalité, Mantak Chia, 2006
Stimulez votre énergie vitale, Mantak Chia, 2006
Halte aux autosabotages !, Richard D. Carson, 2006
Les quatre accords toltèques, Don Miguel Ruiz, 2005

Extraits du catalogue Jouvence

Découvrez vos talents, Xavier Cornette de Saint Cyr, 2006
Victime, bourreau ou sauveur…, Christel Petitcollin, 2006
Apprenez à écouter, Christel Petitcollin, 2006
Au diable la culpabilité !, Yves-Alexandre Thalmann, 2005
Les mots sont des fenêtres (ou des murs), Marshall B. Rosenberg, 2005 (1re éd. 1999)
Je me crée une vie formidable, Claudia Rainville, 2005
De la thérapie de l'ego à la quête de l'âme, Joy Manné, 2005
Prendre soin de soi pour prendre soin de l'autre, Rosette Poletti & Barbara Dobbs, 2003
Déjouer les pièces de l'ego, Daniel Maurin, 2003
Osez vous affirmer, Marie-France Muller, 2003
Vivre son deuil et croître, Rosette Poletti & Barbara Dobbs, 1993

CATALOGUE GRATUIT SUR SIMPLE DEMANDE :
ÉDITIONS JOUVENCE
Suisse : CP 184, CH-1233 Bernex-Genève
France : BP 90107, F-74161 Saint Julien en Genevois Cedex
E-mail : info@editions-jouvence.com
Site internet : **www.editions-jouvence.com**

ISBN 2-88353-514-0
ISBN 978-2-88353-514-5
Composition : Nelly Irniger, Fillinges (74)
Couverture : Dynamic 19, Thonon-les-Bains (74)

Sommaire

Remerciements 7
Introduction 9

1 • Savoir s'aimer 13

2 • Pourquoi s'autoriser au bonheur ? 17

3 • L'enjeu de nos croyances 27

4 • En finir avec les problèmes à répétition 39

Dix étapes pour trouver la liberté et rompre le cycle des répétitions 39

1re étape : S'autoriser au bonheur 42
2e étape : Reconnaître le pouvoir créateur de la pensée 47
3e étape : Renoncer à la culpabilité 51
4e étape : Choisir un nouveau centre d'attention 53
5e étape : Renoncer à la colère 55
6e étape : Affronter la réalité 58

7e étape : Lâcher prise 59
8e étape : Se concentrer sur ce qui dépend de soi 62
9e étape : Agir au présent 65
10e étape : Savoir dire non 67

5 • Résister à la tentation de devenir victime 71

6 • Quelles questions se poser pour changer sa vie ? 79

7 • Retrouver son idéal 87

8 • La stratégie pour un nouveau futur 89

9 • La cohérence avec nos désirs 103

10 • Se réaliser 117
1re étape : L'amour de soi 118
2e étape : L'amour des autres 140
3e étape : L'amour de la vie 158

11 • De la pensée à l'action : adopter de nouveaux comportements 173

Conclusion 177
Questions/réponses 179
Index des cas cités 185
Bibliographie 187
Contacter l'auteur 188

Remerciements

À mon père et à ma mère : qu'ils reçoivent ce livre en forme d'hommage affectueux.

À Catherine Balance, merveilleuse accompagnatrice dans l'écriture de ce livre qui m'a obligé à me dépasser.

À Eugenia Antunes qui a toujours su faire jaillir l'ordre de mes notes avec une patience et un sourire sans faille.

À Gérard Delery, véritable magicien du traitement de texte et dont le talent n'a pour égal que l'extraordinaire gentillesse.

À Guy Thalman dont les réflexions ont été une aide précieuse durant nos séances de correction orthographique.

À Jean-Louis Obbée qui a amicalement accepté de jouer le rôle du premier Candide pour la lecture de ce livre.

À Jacky Chartier pour sa profonde sagesse et sa capacité de donner les réponses au bon moment.

À Jean-François Piaulet en permanence prêt à apporter son soutien « logistique ».

Je vous invite à lire en vous posant cette question :

Si je mets en pratique *Je m'autorise au bonheur !* qu'est-ce que cela transformera dans ma vie ?

Introduction

Je m'autorise au bonheur! Ce livre est destiné à tous ceux qui veulent poser un regard élargi sur la vie.

Il existe des modèles de pensées et de comportements communs à ceux qui réussissent et mènent des vies épanouissantes. En effet, des changements à la portée de chacun peuvent transformer l'art de vivre au quotidien et conduire à une réalité plus riche.

Que ce soit dans le domaine du bien-être physique ou psychologique, l'instauration de pratiques, souvent simples, peut amener des évolutions spectaculaires. Lorsque Pasteur a recommandé une mesure très simple en elle-même, le lavage des mains avant de procéder aux accouchements, cet usage a aussitôt sauvé un nombre important d'enfants. De la même façon, une certaine manière de penser et de bouger son corps amènera immanquablement à favoriser une meilleure expression personnelle et une relation positive avec la vie.

Malgré la diffusion des règles psychologiques de la réussite et du bonheur, un très grand nombre de gens considèrent l'abondance, la satisfaction personnelle comme des sujets tabous.

Pourquoi, alors que la méthodologie de la transformation est souvent simple, certains renoncent-ils à ses bénéfices ?

La difficulté des humains à aller vers leurs désirs profonds réside principalement dans le fait qu'ils se persuadent, consciemment ou non, de ne pas mériter le meilleur de la vie.

Beaucoup donnent l'impression de vivre dans l'attente d'une autorisation au bonheur qu'ils sont cependant seuls à pouvoir s'accorder. En dehors de la peur d'aller de l'avant, le principal facteur de sabotage réside dans le manque d'amour de soi et son cortège de croyances limitatives.

Vouloir changer est impossible tant que l'on reste piégé par des paradoxes et des attitudes contradictoires face à la réalisation de nos plus grandes aspirations.

Pour se donner le droit d'une vie répondant à nos désirs et exploiter efficacement les techniques psychologiques modernes, une observation de nos croyances et culpabilités est une étape indispensable.

Véritable instrument de développement personnel, ce livre vous amènera à établir l'équivalence mentale d'une vie abondante, préalable incontournable à toute manifestation extérieure du progrès et de l'épanouissement.

Je m'autorise au bonheur ! illustré par de nombreux exemples concrets, est construit selon une démarche visant à une transformation progressive. Lisez-le globalement la première fois.

Au fil des chapitres, vous trouverez peu de « Il faut » et de « Il n'y a qu'à », l'évolution étant déterminée plus par la compréhension propre de chacun que par un effort de volonté. Chacun sera ramené à sa propre expérience et pourra trouver les actes à poser pour rejoindre le camp de ceux qui veulent être responsables de leur univers.

Les processus de changement proposés pour s'ouvrir à une vie plus riche et cela bien au-delà du matériel sont immédiatement applicables.

Ces concepts, s'ils sont simples, demandent néanmoins de l'attention et de la constance dans leur application ainsi qu'un engagement absolu à vouloir changer.

La richesse de notre vie est directement liée à notre capacité à adopter une psychologie dynamisante.

Grâce à votre détermination à vivre *Je m'autorise au bonheur !* vous pouvez devenir votre plus puissant agent de changement.

La richesse, comme la joie ou l'amour, demande d'abord une équivalence spirituelle.

Notre monde matériel et relationnel est un miroir parfait de ce que nous sommes. La solution à nos manques ne peut venir que de nous-mêmes et, cela, bien que la société matérialiste essaie de nous persuader que le pouvoir vient de l'extérieur.

Le but fondamental de ce livre est de vous amener à avoir une vision claire de vos désirs et vous donner les éléments pour construire cette vision.

À chaque instant dans notre vie, nous sommes confrontés à une infinité de choix et d'influences. Les résultats que nous récoltons sont les conséquences de nos actions qui sont elles-mêmes les conséquences de nos décisions. Pour nous accomplir et avancer vers les bienfaits de toute nature, spirituels, matériels, pécuniaires, nos croyances et attitudes sont déterminantes.

Le bonheur ne s'achète pas, pas plus qu'il ne se trouve dans un comprimé. On ne le trouve pas en dehors de soi, il se construit de l'intérieur.

L'aptitude au bonheur n'a rien à voir avec l'instruction, mais plutôt avec le caractère et la volonté qui vont déterminer nos réactions par rapport à une situation.

Il est possible d'attirer à nous davantage de joie et d'abondance en apprenant à transformer notre discours intérieur et nos attitudes.

Cela se passe non seulement dans la tête, mais aussi dans le cœur et le corps, car les mots sont loin d'être notre seul mode d'expression, comme nous le verrons.

Mettre tous les espoirs dans le seul travail de transformation de la pensée peut mener sur une illusion si les émotions ne changent pas également. Toute la personnalité doit être en cohérence avec le désir de progresser et cela n'a rien à voir avec une simple manifestation de la volonté.

Ce livre présente plus particulièrement les concepts permettant de se donner le droit à une vie épanouie en renouant avec ses désirs et potentialités, puis les stratégies pour concrétiser le changement.

1

Savoir s'aimer

ou en finir avec la confusion trop fréquente entre amour de soi et vanité

S'AIMER SOI-MÊME est perçu d'une manière culpabilisante par un très grand nombre qui l'associe toujours étroitement à de la vanité.

En fait, le processus de l'amour de soi représente bien autre chose quand on part du principe que chaque être humain devrait être considéré comme digne d'amour. Ce principe constitue un formidable instrument d'épanouissement, de création, d'expression de vie heureuse apportant plus d'harmonie autour de chacun.

L'estime personnelle ne doit pas sous-entendre une supériorité par rapport à autrui, mais implique de se sentir unique et digne de recevoir le meilleur.

Pour les hommes et les femmes évoluant avec cette disposition d'esprit, il devient naturel de traiter les autres de manière analogue et d'en attendre le même comportement. Cette notion est à mille lieues de l'arrogance, instrument servant souvent à masquer une difficulté à être soi-même. L'arrogant vit en fait dans la peur et se dépossède ainsi de sa faculté à créer des relations satisfaisantes.

Il s'agit simplement d'accepter ses côtés négatifs et de se considérer digne d'amour. Tous ceux qui entament ce processus d'une acceptation d'eux-mêmes, avec leurs côtés négatifs, se positionnent sur la voie de merveilleuses expériences.

Aime-toi, la vie t'aimera, le titre du beau livre de Catherine Bensaïd, révèle à lui seul toute l'influence de ce principe d'amour de soi dans nos existences.

> « *La vie nous répond tel un écho de notre estime personnelle.* »

L'amour de soi est, en effet, une clef formidable pour entrer dans un monde généreux où nous sommes capables d'aimer autant que d'être aimés. Le sentiment d'être rejeté trouve, avant tout, sa source dans la difficulté à s'aimer soi-même.

Pourquoi est-il fondamental de développer l'estime personnelle ?

L'acceptation de soi est essentielle pour deux raisons :

1 • L'amour de soi apparaît comme une base pour établir des relations saines. L'individu devient alors capable de recevoir et d'aborder l'amour sans se

comporter en éternel mendiant. Une personne qui se mésestime aura toujours un sentiment d'insuffisance quoi qu'on lui apporte et sera également maladroite dans sa manière de donner de l'amour. Avec les poches vides, il est difficile de donner.

2 • Notre capacité à être heureux est un reflet certain de notre faculté à nous accepter tels que nous sommes. Elle est totalement indépendante de ce que nous voudrions être ou paraître.

Pierre ne s'accepte pas. Pire, il se déteste physiquement, car il se trouve trop gros et supporte également mal sa calvitie. Beaucoup s'accommodent très bien d'une telle apparence et mènent une vie joyeuse, mais Pierre préfère se couper du monde. Il s'imagine constamment que les gens se moquent de lui. En dehors de son activité professionnelle, il évite au maximum les sorties et, à la maison, sa mauvaise humeur est permanente. Il est très dur avec lui-même comme avec les autres. Sa femme et ses enfants trouvent rarement grâce à ses yeux et vivent dans la peur. Il projette son insatisfaction sur eux. Dans ses relations, il n'admet qu'une seule hypothèse : il raisonne de manière supérieure et il détient la vérité.

Le résultat est simple, tout le monde le fuit. Il n'arrivera jamais à trouver le bonheur, excepté s'il se réconcilie d'abord avec lui-même.

Heureusement pour les êtres souffrants comme Pierre, il est toujours temps de comprendre la nécessité d'accepter ses côtés négatifs et de retrouver l'estime personnelle afin de se consacrer pleinement à la transformation positive de sa personnalité.

L'estime de soi constitue le fondement essentiel pour se sentir digne du bonheur.

L'absence d'estime de soi, le sacrifice de sa personnalité, s'accompagne souvent d'un manque d'énergie, d'une passivité chronique et, en même temps, d'une peur de l'intimité. C'est également un terrain favorable à une forte tendance à la dépression et au manque d'autonomie. Aller dans le sens de son affirmation personnelle ne comporte qu'un seul risque : celui de nous ouvrir à la satisfaction et au bonheur.

Cela peut être très difficile pour une personne qui s'est toujours entendu dire depuis l'enfance, qu'elle n'arriverait à rien, qu'elle n'était pas à la hauteur… Néanmoins, elle doit commencer par établir un nouveau dialogue avec elle-même pour générer le changement d'énergie désiré. À l'inverse, trop d'attentes sur les épaules d'un enfant peuvent aussi l'amener un jour à douter de lui-même et à se renier.

Il est facile d'observer que, si l'on s'estime dans un domaine, on réussit facilement à se faire estimer par les autres dans celui-ci. De manière identique, le préalable pour se percevoir comme susceptible de plaire et d'être aimé, c'est de s'accepter et de s'aimer. Un être humain qui ne s'apprécie pas va facilement croire que personne ne peut l'aimer.

L'ouverture à l'amour de soi conduit toujours à une structure psychologique plus forte et, donc, à une aptitude plus grande au bonheur.

N.B. : Dans le chapitre XI, nous analyserons en détail le cheminement pour parvenir à l'amour de soi.

2
Pourquoi s'autoriser au bonheur ?

L'ESSENTIEL DES INSTITUTIONS humaines conditionne les individus à être jugés, à commencer par le rite du baptême, pratique censée absoudre du péché originel, que l'église nous a enseigné. Que dire également de la circoncision et de l'excision qui sont des rites pour rendre les gens conformes et soumis aux lois d'une société ?

Le discours parental, quant à lui, s'articule spontanément autour des notions de bien et de mal. Un enfant apprend ainsi très tôt à tout juger, à commencer par lui-même.

Se juger conduit à renoncer au meilleur.

Notre culture ou éducation judéo-chrétienne, par ses interdits, en appelle régulièrement à la culpabilité.

Un modèle de vie abondant où les plaisirs de l'existence ont toute leur place est ainsi souvent rejeté, mais le problème fondamental réside dans le fait que les humains, non contents d'avoir la religion pour les évaluer, deviennent également leur propre juge.

D'ailleurs, si l'on peut constater de nos jours que les lois religieuses sont observées avec moins de rigueur, particulièrement en Occident, le juge intérieur ne lâche pas prise pour autant.

La culpabilité rend vulnérable.

Pour accéder à une conscience d'abondance et d'épanouissement totalement naturelle, il est essentiel de prendre conscience de notre juge intérieur. Ce dernier parvient à nous faire croire à la justification de la privation.

Fonctionner comme un juge conduit à ce jeu destructeur où l'on tombe dans l'illusion de croire qu'une vie dans la richesse est mauvaise ou que nous ne sommes pas assez bien pour la mériter.

Cela va se traduire par des comportements incohérents et autodestructeurs visant inconsciemment à se priver de bonheur.

Dès qu'ils pensent ne pas mériter le bonheur, les humains s'éloignent de leurs aspirations.

Voilà comment, peu à peu, les rêves de jeunesse se perdent et qu'insensiblement, si l'on n'y prend garde, on s'aligne au fil du temps sur une expression limitée de soi-même.

Comment diminuer l'influence du juge intérieur ?

1 • **En développant l'estime de soi**
Chaque fois qu'un individu se mésestime, il renforce le pouvoir de son juge intérieur.

2 • **En connaissant les causes principales de la censure intérieure :** *l'argent, le sexe et la peur de l'opinion des autres.*

L'argent

De nombreuses croyances restrictives, voire des superstitions, sont toujours fortement installées dans nos sociétés européennes. Accuser l'argent de tous les maux ne résiste pas à l'analyse, car si d'un coup de baguette magique, la notion d'argent perdait toute importance, les hommes seraient rapidement capables de se battre pour autre chose.

Une observation psychologique de base montre que nous éloignons ce que nous critiquons. Considérer l'argent comme malsain constitue une excellente stratégie pour ne pas en avoir.

Traditionnellement, l'argent représente le moyen d'échange le plus pratique. Au cours des temps, sa forme a évolué pour en arriver aujourd'hui à celle, électronique, que nous connaissons avec les cartes bancaires.

Au-delà d'un moyen d'échange, l'argent doit d'abord être observé comme une énergie.

Le paradigme *argent = énergie* supprime tout jugement de valeurs et permet d'en finir avec les préjugés et les tabous. Grâce à cette nouvelle approche, il devient possible de reconsidérer notre regard sur l'argent. Critiquer ou jalouser quelqu'un pour sa richesse par exemple, apparaît alors aussi regrettable que d'en vouloir à quelqu'un pour sa trop bonne santé.

Mettre une étiquette négative sur l'argent en éloigne. On se coupe de l'argent lorsqu'on pense qu'il n'est pas sain ou que l'on jalouse ceux qui en ont beaucoup.

L'argent vu en tant qu'énergie n'est ni bon ni mauvais. C'est la façon dont on le considère et l'usage qu'on en fait qui va tout déterminer.

> « *Critiquer, c'est éloigner.* »

Comme toute énergie, l'argent doit circuler. La bonne santé économique d'une nation est en relation directe avec la circulation de l'argent, tout comme le sang doit circuler dans le corps humain.

Entretenir une culpabilité par rapport à l'argent a souvent permis de manipuler les masses. Cependant une énergie n'appelle pas de jugement, elle suppose seulement la constatation de son existence et une notion d'ouverture.

La meilleure façon d'utiliser l'argent est de le mettre au service de nos idéaux, tout en amenant de la beauté et de la joie autour de nous. Le sentiment de sécurité financière représente aussi un élément important pour la santé physique, au même titre que celui d'être aimé ou d'avoir une activité épanouissante.

• **Le principe de la dîme**

Certaines religions demandent, avec cette pratique, de donner 10 % de nos gains pour des œuvres charitables. Cette pratique représente indéniablement une marque de confiance dans la capacité de l'Univers à redistribuer cet argent.

Au-delà d'un moyen d'échange, l'argent symbolise également la confiance en soi et, plus largement, dans la vie.

Chacun peut décider de se consacrer plus ou moins à cette énergie. Il est utile de vérifier s'il s'agit d'un choix ou du résultat d'un quelconque conditionnement. Très souvent en répondant à cette question vous découvrirez une sorte de « loyauté familiale » qui conduit à se laisser convaincre par telle ou telle théorie.

Selon notre éducation, notre environnement culturel, social et politique, nous sommes tous amenés, à porter tel ou tel jugement de valeur sur les questions d'argent par imitation ou par réaction. Le fait de naître fils d'immigrant ou héritier d'une famille fortunée va amener à un conditionnement différent sur l'argent. La plupart des êtres restent toute leur existence avec la conception acquise dès l'enfance.

L'image négative du riche est ancestrale ; de l'usurier juif stigmatisé par Shakespeare (Shylock) aux mafieux russes, combien de fortunes acquises malhonnêtement ? Les colonialistes, les négriers, les trafiquants, la traite des blanches, la drogue… la liste est longue. Si vous prenez conscience d'avoir une mauvaise image des riches, posez-vous tout de suite la question : « À cause de quoi ai-je décidé de dénigrer l'argent ? »

• Pourquoi les personnes méritantes sont-elles rarement riches?

Il est notable de constater que beaucoup de gens exemplaires dans la vie, qualifiés de « bons » par la société n'ont souvent pas de biens. Il semble qu'ils s'imposent inconsciemment de vivre dans les privations en associant une image de pureté à la pauvreté.

Il est très probable que pour eux être riche signifierait d'une certaine manière ne plus être bien. Ils se sabordent ainsi dans leur quête de prospérité oubliant que l'on peut être « bien » et avoir des biens dès lors qu'ils ont été acquis dans le respect de nos valeurs d'intégrité.

C'est certainement une des raisons pour lesquelles beaucoup de gens peu scrupuleux parviennent plus facilement à se lier avec l'argent, car ils n'ont pas de regard culpabilisant.

Le sexe

Malgré la libération des mœurs, dont les excès ont amené la pornographie, en réaction sans doute à des siècles de contraintes, le sexe reste suspect.

Le parfum des fleurs du mal continue de s'exhaler et la sexualité reste un sujet majeur de culpabilité, exploité en particulier pour rabaisser la femme.

Les conflits moraux et somatisations liés à une mauvaise expression sexuelle remplissent les cabinets des psychiatres et des médecins.

Dieu serait-il tout sauf le sexe?

Dans certaines civilisations, cependant, les dieux et déesses sont sexués. En Inde sur certains temples comme à Khajuraho, les touristes peuvent admirer des reliefs érotiques qui n'étaient pas sans choquer les premiers visiteurs. L'exigence de la chasteté dans l'Église catholique apparaît comme une conséquence des abus de la hiérarchie romaine D'autres religions ont aussi fait une vertu de l'abstinence. Les moines bouddhistes font vœu de continence, comme les Sâddhus et les Swami hindouistes.

La spiritualité et la sexualité sont destinées à se rejoindre.

Elles ont, en effet, une même aspiration : le sentiment d'unité, de communion. Le principe mâle et le principe femelle sont liés et indissociables et l'union sexuelle matérialise l'idée de retour à l'Unité Originelle. Derrière les étreintes de Shakti et Shiva se profile cette possibilité de transcendance. Dans le tantrisme, l'union amoureuse est envisagée comme un geste sacré.

Le fait de considérer que la sexualité est malsaine débouche sur des raisonnements restrictifs propices à la condamnation et à la peur.

On peut se servir du sexe de bien des manières éloignées de l'amour. Il peut être employé comme instrument de séduction à visée manipulatrice, comme moyen de chantage ou d'humiliation. Sexe et sentiments ne sont effectivement pas toujours à l'unisson.

De nombreux principes s'érigent en lois dans le domaine de la sexualité venant causer beaucoup de désarroi.

Le sexe et l'argent pâtissent de la même odeur de soufre à cause de la façon destructrice dont ils sont utilisés pour exploiter, pour faire souffrir. Pourtant, ce ne sont ni l'argent ni le sexe qui doivent être mis à l'index mais plutôt la difficulté des humains à agir dans l'amour.

Les humains se créeront-ils encore longtemps une vie compliquée avec des principes qui changent selon la civilisation ou l'époque ?

Dans le Tao chinois tout paraît possible, mais avec une codification propre à chaque secte : cela peut aller de la débauche totale à l'abstinence. Dans l'Hindouisme, on retrouve également de grandes variations. Les Sâddhus, les Swami pratiquent l'ascèse et l'abstinence. Les gens ordinaires ont des pratiques ordinaires.

Quant au célèbre *Kama Sutra* (aphorismes sur l'amour), c'est un écrit laïc, bien que ce soit l'œuvre d'un brahmane du IVe siècle après J.-C. Si on en a retenu une incitation aux plaisirs, avec ses côtés « savoureux », il s'agissait initialement d'un code rigide réservé à une élite, dans lequel tout ce qu'il est possible de faire est précisé selon la hiérarchie sociale de la naissance propre au système des castes. Avant d'être un manuel érotique, il précise surtout concrètement les trois accomplissements que doit réaliser un homme cultivé :

- le *Dharma,* conquête du mérite religieux,
- l'*Artha,* acquisition des arts et de la fortune,
- le *Kama,* développement de la conscience du plaisir sensuel.

Cet ouvrage, sans illustrations à l'origine, visait à élever l'amour à la dimension du sacré, mais tout cela relevait néanmoins de la stricte application de règles précises.

> “ *L'épanouissement sexuel passe par l'abandon du jugement.* ”

La peur de l'opinion des autres

Tant que les êtres humains donnent du pouvoir à la peur d'être jugé, il leur est difficile de s'engager vers leurs désirs véritables. Le fait de se sentir observé devient rapidement paralysant. Dans notre société, le bonheur en arrive presque à être suspect : « Je n'ose plus dire que tout va bien pour moi, cela énerve les gens », me rapportait un ami. Se défaire de l'idée que l'on va obligatoirement être jugé constitue une priorité pour notre équilibre émotionnel et ouvre la voie à des expériences de plus en plus enrichissantes. La personne qui laisse l'entourage ou la société influencer ses orientations ne peut que, partiellement, exploiter ses potentialités.

C'est toujours un grand pas dans l'évolution personnelle lorsque l'on cesse d'agir selon les supposés jugements d'autrui.

Plus un individu est libre du regard extérieur et plus il est apte à déterminer ce qu'il attend de la vie.

3
L'enjeu de nos croyances

DEPUIS LA NUIT DES TEMPS, les hommes et les femmes s'interrogent sur leur capacité à attirer les événements et à influer sur l'avenir.

Avons-nous une destinée tracée et peut-on la dépasser ?

Certains acceptent l'idée que tout serait écrit. On retrouve cette notion particulièrement présente dans l'Islam : *Mektoub !* (c'était écrit !). Une telle conception n'est pas partagée par l'Hindouisme et le Bouddhisme qui considèrent le karma individuel comme la cause, ici et maintenant, d'une multiplicité de causes et de conséquences passées. Le Karma peut et devrait être modifié par le respect strict du Dharma (notre devoir et également le don de nos talents particuliers au monde) dans l'amour.

À l'instar de l'Orient, l'Occident s'ouvre à l'idée d'une trajectoire qui n'est plus linéaire de la naissance à la mort. La théorie selon laquelle la mort ne serait pas une fin et que nous sommes le résultat des expériences successives de notre âme fait son chemin.

Quoi qu'il en soit, même si une part de notre destinée est liée à la notion de karma et nous échappe, il n'est plus possible de nier aujourd'hui l'influence de la pensée sur notre capacité à attirer les événements.

La notion de responsabilité découle de la loi de cause à effet et nous incite à prendre la direction de nos vies.

“ *Nos croyances nous dirigent et créent notre réalité.* ”

Cela avec d'autant plus de force que nous les prenons pour des vérités et qu'elles sont soutenues par nos émotions. Ce sont des conclusions que nous avons admises à la suite d'un événement ou d'une série de circonstances précises. On y retrouve une grande partie de ce qu'on nous a enseigné (parents, école, maîtres…) et que nous avons accepté comme tel, non parce qu'il s'agissait du résultat de notre expérience et de notre réflexion, mais parce que c'était la parole d'une « autorité ».

“ *Le monde serait différent si chacun se sentait responsable de ses choix et de leurs résultats.* ”

L'homme est le propre scénariste de l'histoire de sa vie par ses croyances.

Louis a une pâtisserie renommée dans un village. Il s'inquiète cependant, car il est persuadé qu'il n'arrivera jamais à trouver un acquéreur quand il prendra sa retraite. Aussi, confiant dans son talent professionnel, il décide de remonter une affaire dans une grande ville afin de trouver facilement un acheteur lorsqu'il arrêtera de travailler. La réussite de sa nouvelle pâtisserie est au rendez-vous. En revanche, il ne parviendra pas à la revendre.

Si l'on observe l'histoire de Louis, il n'a fait que transporter ses croyances de la campagne à la ville. La première était positive « je suis un bon pâtissier, je réussirai » et elle a obligatoirement participé à son succès. La seconde « j'ai peur de ne pas vendre mon commerce », l'a conduit à ce qu'il redoutait.

Nous créons mentalement les choses avant qu'elles ne s'expriment sur l'écran de la réalité.

Il est donc essentiel de prendre conscience de l'impact de nos croyances, car elles déterminent ce que nous nous sentons capables ou non de réaliser.

Croyances et santé

- *Quel discours avez-vous entendu durant votre enfance sur la santé ?*
- *Quelles sont les croyances que vous avez construites ou adoptées sur la santé ?*
- *Quelles sont, aujourd'hui, les conséquences de vos croyances ?*

Croyances et argent

- *Quel discours avez-vous entendu durant votre enfance sur l'argent ?*
- *Quelles sont les croyances que vous avez construites ou adoptées sur l'argent ?*
- *Quelles en sont les conséquences aujourd'hui ?*

Croyances et relations

- *Quel discours avez-vous entendu durant votre enfance sur les relations ?*
- *Quelles sont les croyances que vous avez construites ou adoptées sur les relations ?*
- *Quelles en sont les conséquences aujourd'hui ?*

Il est possible de transformer profondément certains aspects de notre existence si nous prenons la décision d'examiner l'influence positive ou négative de nos croyances. Celles-ci ont une influence directe sur notre façon d'appréhender les circonstances et donc sur nos émotions. Elles agissent comme des filtres lorsqu'il s'agit de donner un sens à une situation et conditionnent notre regard sur nous-mêmes et sur les autres.

Certaines croyances stimulent…

« J'ai de la chance, je suis toujours en forme, je fais toujours des affaires. »

D'autres font régresser…

« Je me fais toujours avoir, je ne peux pas rester six mois dans la même place, on ne peut faire confiance à personne. »

Comment s'établit une croyance ?

Une croyance n'est pas nécessairement vraie ou réaliste, mais en y adhérant, nous en faisons une vérité personnelle et construisons notre existence en fonction d'elle. Cette vérité reflète notre propre perception de la réalité, mais n'est pas obligatoirement la réalité malgré l'intime conviction qui peut l'accompagner. Adopter une croyance, c'est en faire une vérité dans sa vie.

Notre conditionnement familial, social et culturel influe sur le choix conscient ou inconscient de nos croyances.

Certaines peuvent s'avérer très stimulantes, mais c'est loin d'être toujours le cas d'où l'intérêt de les examiner. La plupart ont été adoptées durant l'enfance, par imitation, dans l'espoir de nous faire aimer.

> « *Nous prenons nos décisions en fonction de nos croyances. C'est ainsi qu'elles modèlent nos vies.* »

Ce qui compte face à un événement est, avant toute chose, la signification que l'on va lui donner. La retraite, par exemple, représente pour certains une fin et s'accompagne d'une notion d'ennui et de tristesse. Pour d'autres, cela signifie, bien au contraire, un nouveau départ, synonyme de liberté, leur procurant ainsi un maximum de chances de vieillir jeunes et enthousiastes.

**Une croyance peut être changée.
C'est une compréhension nouvelle qui rend possible un changement de croyance.**

L'acceptation d'une croyance est toujours liée à certains épisodes de notre vie. Si nous constatons que son influence est négative nous pouvons agir en conscience pour lui donner une fin.

Comment transformer une croyance limitative ?

Jean est architecte et il regrette de ne jamais réaliser de projets importants où il pourrait exprimer véritablement son talent. Il répète fréquemment « la région n'est pas assez prospère pour de grosses affaires », voulant justifier son insatisfaction. Avec cette approche, il se pose en victime des circonstances, ce qui lui confère une vision totalement limitée de ses possibilités de carrière. Il est urgent pour lui de trouver un autre cadre de pensées.

Processus de changement d'une croyance

Jean, architecte : *« Je ne travaille pas dans une région assez riche pour avoir des projets de constructions importants. »*

1 • Décrire la conséquence actuelle de cette croyance

Jean : *« Je suis passé à côté de ma pleine réalisation professionnelle. Je n'ai pas le succès financier escompté ni la satisfaction de donner libre cours à ma créativité. »*

2 • S'interroger sur les conséquences à long terme de cette croyance limitative

Jean : *« Je vais finir par être désabusé, avoir un sentiment de perte de temps et d'échec encore plus prononcé. »*

3 • Qui raisonnait ainsi durant mon enfance ?

Mon père était tailleur et répétait souvent : *« J'aurais gagné de l'argent à Paris ! »*

4 • Se poser la question : cette croyance est-elle toujours exacte ?

Dans le cas de Jean, l'analyse de sa croyance entraîne deux questions :
- Est-il exact qu'il n'y a pas de gens aisés dans sa région ?
- Est-il certain qu'aucun architecte ne réussit dans sa région ?

5 • Quelle croyance dynamisante serait capable de mettre un terme à ce schéma de pensée ?

Jean : *« Tous ceux qui, dans la région, veulent de belles réalisations s'adressent à moi. »*
ou *« Les belles affaires me viennent facilement. »*

6 • En quoi ce nouveau cadre de pensées va-t-il transformer ma vie ?

Jean : *« Je peux donner un sens à mon avenir. »*

Une croyance limitative a toujours un coût, une croyance positive toujours des bénéfices.

La plupart du temps, nos croyances sont basées sur une fausse interprétation.

La question *« est-ce que ma croyance est absolument vraie ? »* est essentielle pour considérer la situation avec un autre regard.

Sans remise en cause, une croyance est renforcée.

Dans la majorité des cas, nos croyances limitatives ne résistent pas à cette analyse. Par exemple, dans le cas précis de Jean, il reconnut infondé de décréter qu'il n'y avait absolument aucun projet de belles constructions dans sa région et que personne ne pouvait réussir. D'autre part, nombre d'architectes travaillent sur des projets dans des régions ou des pays éloignés, la distance n'est pas un obstacle réel dans cette profession.

Processus de changement d'une croyance

Nathalie, secrétaire comptable : *« Je ne retrouverai pas de travail à cause de mes cinquante ans. »*

1 • Décrire la conséquence actuelle d'une telle croyance
Nathalie : *« Je vis dans la peur de me faire rejeter à chaque fois que je réponds à une offre. J'anticipe un refus lorsque je me présente. »*

2 • S'interroger sur les conséquences à long terme de cette croyance limitative
Nathalie : *« Je ne vais trouver aucun travail et devenir dépressive. Je ne pourrais plus voyager par manque d'argent. »*

3 • Qui raisonnait ainsi durant mon enfance ?
Nathalie : *« Mes grands-parents maternels disaient souvent : "quand on est vieux, on ne vaut plus rien" ! »*

4 • Se poser la question : Cette croyance est-elle toujours exacte ?
L'analyse de cette question entraîne deux interrogations :
– N'y a-t-il personne qui se fait embaucher après 50 ans ?
– N'y a-t-il pas des employeurs qui évitent de prendre des jeunes ?

5 • Quelle croyance dynamisante serait capable de mettre un terme à ce schéma de pensée ?
« Mon expérience est un grand avantage pour moi ».

6 • En quoi ce nouveau cadre de pensées va-t-il transformer ma vie ?
« Je ne me laisserai plus ébranler par un éventuel refus dans ma recherche. »

« Une fois établie, une croyance a comme fonction exclusive et unique de se perpétuer. »
Dr Lair Ribeiro

Les situations répétitives

Une succession d'épreuves de même nature fait penser à beaucoup que le sort s'acharne contre eux et ils se considèrent alors comme des victimes. Il est, en effet, facile de croire que le destin est contre soi lorsque l'on a le sentiment de revivre toujours des difficultés identiques. En fait, les « problèmes à répétition » sont souvent orchestrés par les individus eux-mêmes, car ils mettent en place inconsciemment les schémas par lesquels ils appréhendent une situation.

Les répétitions que nous rencontrons ne relèvent absolument pas du hasard, mais révèlent les ombres en nous-mêmes. Le hasard n'étant en fait qu'une conséquence de causes que nous ignorons.

Sans le savoir, sans le vouloir
du moins consciemment,
nous pouvons créer les conditions pour
que certains événements se reproduisent.

Pourquoi ? Tout simplement parce que l'on réactive un traumatisme passé datant, le plus souvent, de l'enfance. On se relie à un vieux film de notre histoire, très important, mais la plupart du temps inconscient. Les répétitions se retrouvent dans tous les domaines de la vie : amour, travail, famille… La femme qui se sépare d'un mari alcoolique retombera bien souvent sur un autre homme alcoolique.

Prenons un exemple d'ordre sentimental avec Judith qui dit: « Dès que j'ai l'impression d'avoir trouvé le bonheur, ça casse. » Elle a ainsi construit inconsciemment l'équation « amour = rupture ». Les conflits de l'enfance non résolus peuvent nous accompagner la vie entière. Dans le cas de cette jeune femme, une première trahison avec le départ du père était restée logée dans sa mémoire et elle reproduit ce choc à chaque fois qu'elle tombe amoureuse. Ce n'est cependant pas toujours aussi facile à décoder, c'est pourquoi notre action libératrice doit se concentrer avant tout sur le présent.

> *« Les répétitions s'apparentent à des leçons de vie qui, pour être comprises, demandent un changement souvent radical dans nos comportements. »*

L'unique intérêt des répétitions est de présenter une voie d'évolution pour comprendre nos fonctionnements.

Ces leçons de vie peuvent être ignorées, mais alors, elles continuent à se répéter tant qu'elles ne sont pas comprises.

4 En finir avec les problèmes à répétition

DÈS L'INSTANT OÙ NOUS DÉCIDONS d'abandonner nos vieux fonctionnements, nous accédons à un processus conscient de création de notre propre réalité.

Les dix étapes pour trouver la liberté et rompre le cycle des répétitions

Il y a dix étapes qui permettent, dans une multitude de cas, de mettre fin aux problèmes à répétition et de s'engager vers une réalité personnelle plus heureuse.

Préambule

Avant de découvrir ce processus, il est nécessaire de poser deux préalables :

• **Accepter la responsabilité du changement**
En considérant une difficulté comme une leçon de vie à comprendre puis à dépasser, nous cessons de réagir en victimes. Le rapport avec la situation en cause est alors instantanément changé et nous avons la responsabilité du changement. La non-acceptation d'une situation concentre sur la difficulté, contribuant ainsi à entretenir le blocage.

> « *Refuser une situation la renforce.* »

Même si la tentation de se rebeller peut être forte, il est essentiel de s'ouvrir à la nécessité de l'acceptation et de considérer la situation sans émotion.

Une excellente manière d'atteindre l'acceptation consiste à considérer la situation en cours comme provisoire et à se rappeler qu'elle a un sens.

Personne ne détient la faculté de changer son passé, mais il est possible de se transformer tous les jours en développant de nouvelles attitudes et la capacité à acquérir de nouvelles croyances constructives.

La nécessité d'admettre la possibilité d'une solution : *la dédramatisation.* Il s'agit de refuser la croyance selon laquelle la répétition d'une catégorie d'événements est inéluctable.

> « *Aussi longtemps que nous persévérons avec un ancien système de pensées, les choses n'ont aucune raison de changer.* »

Il est essentiel de se dissocier de l'idée d'un futur en relation systématique avec le passé. Le changement constitue le principe fondamental de la vie. Devant un problème répétitif, il est capital de ne pas se décourager en considérant avoir tout essayé pour s'en sortir.

- **Admettre la possibilité d'une solution, même si l'on ignore encore laquelle**

Face à une difficulté, la personne qui déclare « je ne peux rien faire » ou « il n'y a aucune issue », se condamne définitivement.

Nous attirons comme un aimant les circonstances et les événements qui renforcent nos croyances.

Une femme persuadée, par exemple, que tous les hommes ne valent rien, s'attirera toujours des rencontres douloureuses justifiant sa croyance. Inconsciemment, notre cerveau crée les conditions pour favoriser la survenue d'événements confirmant notre vision du monde et renforcer notre conviction.

La majorité d'entre nous a des objectifs visant à corriger les erreurs du passé et non à mettre en place un futur prometteur.

Pourquoi inviter notre passé à nous accompagner si nous ne l'avons pas aimé ?

Adopter ce genre de comportement nous éloigne fatalement du résultat souhaité. En effet, vouloir refaire l'histoire revient à se dire : « Je serai heureux lorsqu'il ne m'arrivera plus cela ou quand je n'agirai plus ainsi. » Cela conduit à rester concentré sur ce que nous ne voulons pas et à mettre alors en place les éléments pour que la situation inconsciemment redoutée se reproduise.

Le passé n'a pas à être considéré comme insatisfaisant.

Il est important de toujours garder à l'esprit que nos résultats de demain sont les fruits de nos décisions et attitudes d'aujourd'hui.

Dès qu'un être humain ne se laisse plus gouverner par ses limites passées, il devient capable de construire le succès et le bonheur.

Une fois la décision prise fermement de reprendre sa vie en main, chacun découvrira l'étape ou les étapes qu'il lui faudra franchir.

1re étape : S'autoriser au bonheur

Des situations infernales s'éternisent dans le travail, le couple, la vie financière… car le seuil de résistance à la douleur psychologique est énorme.

Il est extrêmement fréquent de constater que les êtres humains s'imposent eux-mêmes une souffrance prolongée.

Ce n'est que lorsque la situation devient insupportable qu'ils commencent à essayer de résoudre le problème. Ils sont complices de la prolongation de certaines situations, car inconsciemment ils pensent avoir quelque chose à payer. Cette attitude est à relier avec la condamnation de soi et fait le terreau de la souffrance et de la dépression.

Combien de temps faut-il à une personne qui se positionne en victime pour arriver à rompre avec une situation inappropriée et vouloir réellement se détourner du passé ? Des mois et parfois des années.

> *« Nous déterminons nous-mêmes notre seuil de tolérance à la souffrance. »*

Les êtres humains sont souvent eux-mêmes leur pire ennemi par leurs exigences inconscientes vis-à-vis d'eux-mêmes. Ils se jugent de façon impitoyable tant qu'ils n'ont pas compris l'importance de s'aimer et de s'accepter.

> *« La vie vous donnera rarement ce que vous pensez ne pas mériter. »*

Commencez à croire que vous méritez le succès et le bonheur.

C'est un sursaut d'estime de soi qui permet à l'être humain de dire « Stop ! » à une vie éloignée de ses aspirations et franchir le premier pas pour se dégager d'une situation insatisfaisante.

Myriam aura mis vingt ans pour atteindre son seuil de tolérance à la douleur de vivre seule. Enceinte toute jeune, elle doit se marier avec un garçon un peu plus vieux, père de l'enfant. Le jour de la cérémonie, l'engagement lui fait peur. Elle s'enfuit et décide d'avoir son bébé toute seule, au prix d'un scandale dans la famille. Elle voulait « vivre sa vie ». Elle aime sa fille Malika, mais ne renonce pas à sortir. Après tout, ses parents s'occupent de la petite, finalement bien acceptée. Les années passent, Myriam continue à mener une vie libre qui ne la rend ni heureuse ni malheureuse. Sa fille grandit et de mignonne devient superbe. Livrée à elle-même, elle fréquente un peu n'importe qui. Tout cela finit par un viol collectif dont la jeune fille ressort terriblement meurtrie. À partir de ce moment-là, Malika n'est plus elle-même. Les mauvaises fréquentations continuent et la drogue s'en mêle. Elle est devenue schizophrène, maladie hélas difficilement soignable. Myriam fait alors tout son possible pour sortir sa fille de cette impasse. Elle parcourt le pays pour trouver un médecin, un voyant, un marabout même, s'il le faut, mais elle veut absolument s'entendre dire que sa fillc va guérir. Bien sûr, Myriam se fait escroquer à chaque fois et sa fille s'enfonce dans la schizophrénie. Elle ne travaille plus, renonce à toute sortie pour s'occuper de Malika et vit avec l'aide de ses parents, heureusement plutôt aisés.

Doit-on se punir chaque jour pour la même erreur?
« Ma vie est un échec total, si au moins j'avais un homme à aimer. » Et aussitôt, elle ajoute dans un état de dépression extrême : « Je n'aurais jamais une vie normale avec Malika. »

Ce genre de cas poignant reste toujours difficile à aborder tant les attentes sont fortes. Myriam se trouvait dans un tel état d'apitoiement sur elle-même qu'il était illusoire, dans un premier temps, de lui demander un effort d'autoanalyse. Dans de telles urgences psychologiques, la stratégie la plus fiable est d'ouvrir la personne au pardon d'elle-même.

Je demandai alors à Myriam : « Est-ce la vie qui t'en veut d'avoir négligé l'éducation de ta fille ou est-ce toi ? » Elle éclata en sanglots libérateurs. Pendant trois minutes, elle resta incapable de dire un mot puis esquissa un léger sourire. Elle avoua entretenir une profonde haine d'elle-même depuis le viol de Malika. Elle se considérait comme la femme la plus irresponsable du monde et croyait ne plus jamais mériter être heureuse.

Se punir par la solitude en était l'une des conséquences. C'est pourquoi, elle refusait toute sortie restant repliée sur elle-même et passait le plus clair de son temps à pleurer et fumer devant la télévision. Elle pensait aussi que, si elle prenait un amant, elle passerait pour la pire des mères. Myriam refusait également de mettre sa fille dans un centre spécialisé proche, ce qui était pourtant le rêve de Malika, car elle voulait désormais se poser en mère exemplaire. Il ne s'agissait pas de dicter une conduite à Myriam mais plutôt de l'amener à percevoir que, chaque jour, elle se punissait à nouveau pour ce qu'elle croyait être la faiblesse de son éducation.

Quand je lui demandai si elle ne pensait pas que vingt ans de larmes suffisaient, elle donna alors l'impression de comprendre qu'elle était la seule à pouvoir se délivrer. Cependant Myriam adoptait toujours l'attitude classique de la personne dépressive avec les épaules abaissées et la voix sans conviction. Son corps exprimait son manque d'engagement à aborder sa vie avec un nouveau regard.

C'était une chose pour elle de cesser ses reproches et une autre de devenir une actrice positive apte à faire des changements. Pour construire un nouveau scénario positif, il était capital d'arrêter de suspendre son bonheur à des choses qu'elle ne maîtrisait pas comme la santé de sa fille. En fonctionnant avec la croyance « j'aurai droit à l'amour quand ma fille sera guérie », elle se condamnait.

On ne peut changer que les choses que l'on contrôle.

Pour transformer sa vie, elle devait s'autoriser à être heureuse sans pour autant penser trahir Malika. Elle voulut bien convenir que se donner le droit au bonheur ne signifiait pas ne pas aimer sa fille et que toutes les larmes versées n'avaient jamais rien résolu.

Elle prit alors la décision de mettre sa fille dans le centre spécialisé proche. Malika reviendrait tous les week-ends. Cette nouvelle liberté permit à Myriam de trouver un emploi et de véritablement reprendre contact avec le monde.

> *“ Plus on se comporte en victime,*
> *plus on devient vulnérable. ”*

Cette fois, Myriam avait bien dit « stop » et ferait tout pour mettre un terme à sa solitude.

Points importants

- *La vie ne nous juge pas, c'est nous-mêmes qui nous jugeons.*
- *Nous déterminons notre seuil de résistance à la souffrance.*

– *L'option du changement peut se prendre à tout instant.*
– *Personne ne peut réécrire le passé, mais chacun a la capacité d'influer sur son avenir.*

Question à se poser
– *Est-ce que je m'autorise au bonheur ?*

2e étape : Reconnaître le pouvoir créateur de la pensée

Nous participons aux scénarios de nos vies et avons donc une responsabilité.

Nos pensées ont un effet concret sur nos existences. La loi de croyance fonctionne aussi bien dans un sens négatif que dans un sens positif.

Nous avons chacun notre vision du monde. Nous abordons le monde avec nos filtres et vivons d'une certaine manière en dehors de la réalité. De ce fait, nous déformons les choses par référence à notre construction personnelle faite de nos souvenirs et de nos émotions. C'est ce que nous croyons au plus profond de nous qui est déterminant et non ce à quoi nous nous associons de façon intellectuelle.

Notre vie répond à nos convictions profondes.

« Je crois que nous sommes sur terre pour apprendre à maîtriser le processus de la création. »
Shakti Gawain

Chacun réagit en fonction de l'idée qu'il se fait des choses et non de ce qu'elles sont réellement : un négociant en chaussures verra en l'Afrique un marché au potentiel gigantesque alors qu'un autre reviendra découragé parce qu'il aura vu les gens marcher pieds nus.

Pour changer notre vie, nous devons changer nos pensées. Lorsque nous sommes dans un système de pensées qui ne nous apporte pas ce que nous souhaitons, nous pouvons le modifier.

Reconnaître sa responsabilité,
c'est retrouver la faculté de choisir.

Nous avons toujours la possibilité de choisir même lorsque nous croyons l'avoir perdue. Un scénario différent peut s'écrire à tout instant à partir d'une décision.

Il est extraordinaire de voir à quel point nous pouvons influencer le cours de notre vie lorsque nous reconnaissons qu'elle dépend de nos décisions.

Voici comment Mickael découvrit la capacité créatrice de la pensée : Garçon très sympathique, il mettait un point d'honneur à se couper de ses émotions. Il était difficile pour lui de montrer ses sentiments, car il y voyait un aveu de faiblesse. Il nous confia cependant ses énormes difficultés matérielles et son impression de tourner en rond dans l'existence.

Après une enfance heureuse et une carrière sportive au plus haut niveau, il décida de profiter de sa notoriété et de l'argent vite gagné pour ouvrir un bar. Les débuts furent assez prometteurs, mais ensuite les complications financières virent le jour. Son enthousiasme l'abandonna vite pour laisser place à la panique et il déposa le bilan.

Un deuxième échec allait suivre dans une nouvelle affaire commerciale, une boîte de nuit, où il se fit escroquer par son associé. Ensuite, il se lança dans plusieurs affaires qui se terminèrent toujours mal et où il était toujours victime de ses associés. Tout cela remonte à une quinzaine d'années et depuis, un profond sentiment d'échec l'accompagne. Il vit de petits boulots, persuadé qu'il ne peut plus rien tenter d'important sans aller à l'échec.

Il s'est complètement identifié à ses problèmes et en a conclu que le problème, c'est lui.

> “ *Tout ce à quoi on dit « je suis »,*
> *on le devient.* ”

Il acceptait difficilement l'idée que ses croyances pouvaient avoir une influence sur sa vie. Pour lui, avoir des émotions signifiait être faible, ce qui lui paraissait totalement inacceptable et il mettait un point d'honneur à y être hermétique. Il estimait qu'un homme ne doit pas montrer ses sentiments et que, pour lui, les choses étaient simples : il n'avait pas de chance.

Son seul langage d'espoir était de reconnaître que « la roue de la fortune pouvait tourner dans le bon sens comme dans le mauvais ». Il donnait l'impression de baigner dans l'incertitude la plus complète et ne semblait plus croire en rien.

Nous avons recherché quelle croyance dominait sa vie. Il m'expliqua que son père réussissait tout alors que lui ratait tout : « Je suis le canard boiteux de la famille. »

Ce mode de fonctionnement suffisait pour affecter son existence dans tous les domaines. Comme, avec le sport, il avait connu beaucoup de succès dans sa jeunesse, il admit qu'il n'était pas sérieux de résumer sa vie à un échec et qu'il existait des moments de sa vie où il avait été capable de réussir. Il accepta également de ne plus considérer ses erreurs passées comme des échecs mais comme des voies d'apprentissage.

La première étape de sa remise sur les rails passait par une nouvelle définition de lui-même.

Comment vous définissez-vous ?

Il choisit de remplacer le « canard boiteux » par « l'audacieux de la famille ». Tout heureux de cette nouvelle définition plus positive qui ne l'associait plus à son problème, il retrouva sa nature sportive. Il s'engagea à ne plus jamais se laisser aller à considérer que toute sa personne pouvait être mise en cause par un problème.

C'est de cette aptitude à nous redéfinir de manière supérieure que nous devons jouer pour retrouver la liberté d'être et réorienter notre conscience vers d'autres perspectives.

Points importants

- *Nos croyances modèlent notre vie.*
- *Nous sommes responsables de notre manière de penser.*
- *Un problème est le reflet d'un système de pensées.*

– *Un nouveau système de pensées produira de nouveaux effets.*

Question à se poser
– *Quelle définition positive de moi-même puis-je adopter ?*

3e étape : Renoncer à la culpabilité

Par leurs critiques envers eux-mêmes, les humains demandent inconsciemment à être punis.

Pour s'autoriser au bonheur, il faut en finir avec la tyrannie de nos propres jugements où nous ne nous trouvons « jamais assez ceci ou jamais assez cela » en pensant que cela nous permettra d'obtenir l'approbation des autres. La culpabilité ne donne pas de puissance et détruit la confiance en soi. Elle ne sert qu'à justifier les événements malheureux dans notre vie.

Pourquoi Richard recherchait-il la difficulté ? Son adolescence est bouleversée par la disparition de son père. À l'épreuve morale, s'ajoutaient aussi de grandes difficultés matérielles pour sa famille d'un milieu modeste. Aussitôt son frère, un garçon intelligent et courageux décida d'arrêter ses études pour ramener de l'argent à la maison, se dévouant totalement pour la famille. Richard, plus jeune, continua sa scolarité normalement pour ensuite entamer un parcours universitaire sans fautes. Aujourd'hui, brillant avocat, il est très sollicité et ses affaires génèrent d'importants revenus.

“ La culpabilité se transforme en doute de soi. ”

« Mon problème, raconte Richard, est que je sais faire rentrer l'argent, mais après je le gaspille et je vis toujours au-dessus de mes moyens. » Aujourd'hui, il souhaite adopter une attitude équilibrée par rapport à l'argent.

Il semblait exister deux personnages en Richard : le gagneur et le coupable. L'un s'acharnait à détruire ce que l'autre construisait. Quand Richard le gagneur était capable de faire rentrer l'argent en quantité, Richard le coupable intervenait pour le remettre dans la difficulté. Concernant cette vie financière en dents de scie, il acceptait facilement sa responsabilité, car il était intimement convaincu de la capacité créatrice de la pensée.

Par contre, il ne paraissait nullement conscient de la place de la culpabilité dans son histoire. « Je n'ai jamais oublié que mon frère a dû interrompre ses études en grande partie à cause de moi. Ce sentiment de gêne me revient d'autant plus que ma mère évoque souvent l'attitude courageuse de mon frère. »

Richard avait besoin de se rappeler deux choses :

Le plus bel hommage que l'on peut rendre à nos parents, c'est de réussir.

D'autre part, son frère et sa mère étaient également responsables de leurs décisions. Richard n'avait demandé à personne de se sacrifier pour lui. De plus, son frère avait, certes, interrompu ses études, mais le fait de mener à bien des études n'a rien à voir avec la capacité à être heureux. Richard réalisa que se mettre dans les difficultés était sa manière de partager la culpabilité de sa mère et de s'acquitter d'une dette morale.

Points importants

– Nous ne sommes pas responsables des actions des autres.

– Un être humain transforme sa vie dès qu'il cesse de se condamner.

Question à se poser

– Se sentir coupable donne-t-il de la puissance ?

4e étape : Choisir un nouveau centre d'attention

Où en serait Philippe s'il n'avait pas changé son centre d'attention ? Il raconte son histoire : « Le jour de mon mariage avec Claire, j'épousais aussi la fille de mon patron car je travaillais depuis quelques mois dans la société de son père. J'allais me retrouver du même coup impliqué dans la conduite des affaires familiales. Ma belle-famille et mon épouse mettaient beaucoup d'espoir sur ma jeunesse pour une expansion de la société. Cette position, qui aurait dû me flatter, ne m'était pas très agréable du fait d'une conjoncture que je trouvais peu favorable.

De plus, la société dans laquelle j'avais fait mes premières armes d'ingénieur avait déposé le bilan à peine six mois après mon arrivée et cela m'avait profondément marqué. L'entreprise familiale travaillait dans un secteur à forte concurrence et j'avais peur de décevoir.

Aussi pour limiter les attentes familiales, je ne manquais pas d'attirer l'attention sur la conjoncture délicate, me déchargeant dans le même temps de la responsabilité d'un éventuel échec. Sans m'en rendre compte, je prenais une sorte de plaisir à relever dans l'actualité économique tout ce qui était négatif. »

> “ *Nous reproduisons beaucoup de situations pour rechercher la confirmation de nos idées et nous prouver ainsi que nous avons raison.* ”

« Le chiffre d'affaires commençait à baisser et j'ai eu très peur de me retrouver impliqué dans la moins bonne marche de l'entreprise. Fort heureusement, mon beau-père n'était pas homme à se laisser impressionner et il allait me remettre sur les rails avec vigueur. “Philippe, vous allez finir par nous porter la poisse avec toutes vos histoires de dépôt de bilan ! Je vous signale que la société marchait très bien avant votre arrivée, je ne vais pas vous laisser détruire ce que j'ai construit. Vous feriez mieux d'étudier ce qui pourrait nous rendre plus performants.” Sa remarque m'avait profondément vexé sur le moment, mais elle eut le mérite de me faire sortir de la spirale d'échec où j'étais prêt à m'engouffrer. »

En se focalisant sur sa crainte de l'échec, Philippe avait totalement négligé de se mettre dans la peau d'un chef d'entreprise. Il devait avant tout rester concentré sur ce qu'il voulait : devenir l'acteur du développement de la société. Cette prise de conscience amena rapidement un nouveau comportement chez lui et il s'impliqua totalement pour la bonne marche de l'affaire, intégrant les caractéristiques des entreprises les plus dynamiques. Les résultats suivirent et, en même temps que la cohésion familiale, Philippe renforça sérieusement son estime de lui-même.

Point important
– Un simple changement d'attitude peut transformer notre vie.

Question à se poser
– Sur quoi me concentrer pour aller vers mes objectifs ?

5e étape : Renoncer à la colère

Dans les situations répétitives, où les individus se considèrent comme victimes, on retrouve fréquemment un sentiment de colère. Celle-ci peut être à la fois intérieure et extérieure. Elle va s'exprimer contre eux-mêmes chez ceux qui s'en veulent de leur incapacité à mettre en place la vie qu'ils désirent. Elle va se diriger vers l'extérieur chez ceux à qui il faut un bouc émissaire pour justifier leurs frustrations. Pour ceux-là, c'est toujours l'autre qui est responsable sous des formes diverses (le gouvernement, la famille… tout y passe, jusqu'à Dieu).

Jacques vivait en permanence dans la colère intérieure. Rien n'allait à son goût. Il devait en particulier son amertume à une ambiance déplorable avec ses collègues de travail dans un ministère. En arrivant à ce poste, il avait tenté de faire partager à ses collègues son intérêt pour la danse classique ce qui avait immédiatement déchaîné la risée d'autant plus qu'il avait une allure plutôt féminine. Il se renferma aussitôt sur lui-même devant son écran informatique.

Sur le plan sentimental, il désespérait de rencontrer l'âme sœur. Ses journées avaient comme point commun, l'ennui.

À 35 ans, il vivait donc dans les vexations toujours renouvelées au travail pour se retrouver ensuite seul dans son appartement. Jacques avait bien lancé une demande de mutation pour échapper à l'ambiance de son bureau, mais il avait le sentiment qu'il était contré par sa hiérarchie.

Lorsque je le rencontrai, il n'en pouvait plus de travailler dans cette atmosphère. Il commençait à somatiser et à avoir des problèmes de dos. L'expression, « en avoir plein le dos » prenait toute son ampleur chez lui. Il souffrait aussi de colite, symptôme que l'on associe souvent symboliquement à la colère. Jacques vivait un profond ressentiment à l'égard de son entourage professionnel, mais aussi, inconsciemment, envers lui-même. Il s'en voulait énormément de ne pas réussir à s'imposer. Il n'envisageait pas de quitter l'administration, car en dehors de sa difficulté à se faire accepter, il avait beaucoup d'avantages qu'il tenait à conserver.

Notre conversation prit cette tournure : « Jacques, si tu veux rester à ton poste, je ne vois qu'une seule chose que tu puisses changer tout de suite, c'est toi et ton regard sur tes collègues. Les gens ont tendance à adopter un comportement en écho à nos convictions. Si tu penses qu'ils sont stupides, ils vont te donner raison. La vraie nature des êtres humains est de se rapprocher, pas de se critiquer en permanence. En cessant déjà de critiquer mentalement tes collègues, tu vas permettre à de nouvelles perspectives de s'installer. »

> *« Accepter de transformer ses propres attitudes constitue toujours la meilleure méthode pour faire évoluer une relation. »*

Il était important également qu'il cesse de faire des suppositions sur ce que les gens pouvaient penser de lui. La meilleure façon de faire avancer les choses, consistait à prendre la résolution d'aller vers les autres.

Il décida alors de profiter de son anniversaire pour tenter de se rapprocher de ses collègues. Il leur offrit le champagne à cette occasion. Tous parurent ravis de son initiative et une collègue, dont la fille s'enthousiasmait depuis peu pour la danse, se montra sous un jour nouveau et réellement amical.

Si Jacques s'imaginait auparavant tout le monde se moquant de son goût pour la danse classique, il savait maintenant qu'une personne au moins comprenait sa passion. Dès lors sa vision de ses collègues commença à évoluer.

Point important
– Un simple changement d'attitude peut transformer nos relations.

Question à se poser
– Dans quelle relation dois-je faire le premier pas ?

6e étape : Affronter la réalité

Accepter de regarder la réalité constitue souvent une étape indispensable pour qu'une situation puisse enfin évoluer.

Ingrid : « Je n'arrive pas à m'en sortir financièrement pourtant je m'efforce d'être positive ! » Cette jolie jeune femme ambitieuse met un point d'honneur à donner une image de réussite. Pour cela, elle n'hésite pas à vivre au-dessus de ses moyens et accumule les crédits pour adopter le style de vie des gens riches. Elle pense qu'elle se construit ainsi une psychologie d'abondance. Sa déception est mêlée d'incompréhension, car elle prétend essayer de développer depuis plusieurs années une attitude positive face aux circonstances. « Pourquoi est-ce que cela ne marche pas pour moi ? »

Ingrid est très intelligente mais elle présumait maladroitement qu'ignorer les difficultés constituait une manière de s'attirer la réussite. En fait, c'est l'inverse qui se produisait. La spirale où elle s'était laissée entraîner pour un simulacre de prospérité la stressait et ne faisait que renforcer son insécurité. Elle ne pouvait pas développer un sentiment réel de richesse avec une telle attitude. Ingrid avait espéré changer son avenir en faisant abstraction de la réalité alors que la psychologie du succès demande du réalisme et des prises de décisions dont les conséquences sont réfléchies. Attendre que les choses tombent du ciel fait partie des attitudes qui ne peuvent réussir qu'exceptionnellement et ne peut constituer une stratégie.

Pour créer les conditions d'une véritable amélioration, Ingrid devait accepter d'examiner la réalité présente. Ses crédits ne lui avaient donné que le droit de payer plus cher des choses dont elle n'avait pas forcément besoin. Elle accepta avec lucidité le défi d'assainir sa situation et de s'organiser en fonction de son budget. Dès lors qu'elle cessait de se mentir à elle-même, elle pouvait prendre des décisions constructives et propices à son appétit de réussite.

Point important

– On résiste souvent le plus aux efforts dont on a le plus besoin.

Question à se poser

– Quelle leçon est-ce que je refuse d'apprendre ?

7e étape : Lâcher prise

Cette étape rejoint la première condition posée en préambule des dix étapes, c'est-à-dire : accepter le problème. Cette notion est souvent difficile à comprendre car elle contient un paradoxe : comment une passivité apparente peut-elle devenir une force ?

« Tout est difficile avant d'être simple. »

T. Fuller

Si lâcher prise n'est pas toujours évident, il s'agit cependant d'une notion fondamentale pour faciliter nos vies, car lorsque l'on cesse de s'occuper exagérément d'une difficulté, elle tend fréquemment à disparaître d'elle-même. Lâcher prise signifie accueillir tout ce qui nous arrive sans émotion et en considérant que cela a un sens. Il s'agit d'accompagner les circonstances de la vie plutôt que de lutter contre elles.

Accepter, ce n'est pas renoncer, c'est comprendre qu'on ne peut maîtriser ce qui nous dépasse.

Jérôme désespérait de vivre de sa passion pour la voile. Il gère une petite usine de confection. Cette activité lui coûte beaucoup en temps et en énergie pour de médiocres résultats. Il a l'impression épuisante d'être toujours sur la brèche. « Je ne peux pas me permettre d'arrêter à cause de tous les investissements que j'ai sur le dos. »

Au plus profond de lui, Jérôme continue cependant à rêver à d'autres horizons. Excellent marin, il ne pense qu'à une chose : gagner sa vie en organisant des croisières aux Antilles. Jérôme approche de la cinquantaine et redoute de renoncer à son projet. Il demande alors à un psychologue de l'aider à franchir le cap.

« Celui-ci consacra notre premier rendez-vous à me parler de la nécessité de lâcher prise m'expliquant que je rendais les choses difficiles par mon impatience. J'étais très surpris par son discours, car, habitué au monde de l'entreprise, je recherchais un modèle d'action et ce psychologue me proposait la passivité. Ce que je voulais, c'était des conseils pour aller de l'avant et rapidement. Je décidai donc de ne pas retourner le voir.

Peu de temps après, j'ai rencontré un couple marié depuis dix ans m'expliquant que c'est seulement le jour où ils avaient renoncé aux divers traitements médicaux que leur désir d'un enfant s'était concrétisé. Pour ce couple, cela ne faisait aucun doute, c'est le fait d'avoir fini par abandonner leurs attentes qui avait favorisé la grossesse. Je commençais alors à entrevoir ce que pouvait être le lâcher-prise.

Dans le même temps, je réalisai que mes petits maux physiques avaient toujours tendance à disparaître spontanément quand j'étais dans une ambiance joyeuse. Je décidai alors de pratiquer ce fameux lâcher-prise et de cesser de me torturer l'esprit toute la journée avec mon désir de changement. Je raisonnai alors ainsi : si j'ai cette usine en ce moment, c'est que cela doit être ainsi ! Je gardai en tête mon désir de changement, mais cette fois sans en faire une obsession.

Quelques mois plus tard, alors qu'avec ma nouvelle attitude mon activité devenait beaucoup plus aisée (financièrement et psychologiquement), je reprenais goût à la marche de l'usine et le besoin d'une deuxième unité s'est imposé. J'ai pris la décision de l'implanter dans une ville du bord de mer et j'en ai profité pour y transporter les bureaux de la société. Je ne suis certes pas dans les îles, mais c'est déjà formidable : avec ce déménagement, je suis à cinq minutes de mon bateau. »

Points importants

- *À trop vouloir lutter contre un problème, on s'y agrippe.*
- *Le désir de changement n'exclut pas le lâcher-prise.*
- *C'est dans le calme et le détachement que l'on s'ouvre aux solutions.*

Question à se poser

– Que se passerait-il si je décidais de prendre chaque jour comme il vient et d'apprécier ce qu'il m'a apporté ?

8e étape : Se concentrer sur ce qui dépend de soi

Robert retrouve le plaisir dans son métier. Propriétaire d'un salon de coiffure florissant dès son ouverture, il a vu le succès lui échapper lentement mais sûrement. La clientèle s'éparpille de plus en plus. Cela fait maintenant dix ans qu'il lutte pour se maintenir et il s'est persuadé que, de toute manière, tout va mal dans le pays. Il attribue son manque d'activité à l'incapacité des gouvernants et à la multiplication des salons, en particulier dans les galeries marchandes. Son discours contre les impôts et les charges excessives est très violent. Robert est au bord de la dépression quand il vient vers nous avec, en plus, une bonne dose d'agressivité.

Je lui demande alors s'il tient ce même discours à sa clientèle : « Et comment donc ! Je vais me gêner ! Il faut bien que les gens sachent que l'on est gouverné par des pourris qui passent leur temps à mettre des bâtons dans les roues de ceux qui veulent travailler ! À toutes les personnes qui viennent, j'explique également que, sans toutes ces taxes, je pourrais prendre plus de personnel et faire des travaux. Si on était un peu plus nombreux à le faire, peut-être que l'on se ferait moins écraser. Je veux que les gens sachent que je suis obligé de travailler cinquante heures par semaine et que je ne prends que deux semaines de vacances pour arriver à garder mes deux employées. » Pour terminer, il ajouta ne plus supporter de voir les bons à rien se prélasser aux terrasses des cafés pendant que lui travaillait pour les entretenir.

Je lui posai alors la question suivante : « Robert, vient-on chez toi pour se faire coiffer ou bien pour t'entendre te plaindre et râler ? » Cette question déclencha comme un véritable électrochoc chez lui. Il resta sans voix pendant un moment et donna le sentiment de prendre conscience d'avoir saisi le problème à l'envers quand ses affaires avaient commencé à moins marcher. Ayant repris son calme, il ajouta : « Est-ce moi qui ai fait partir les clients ?

– Robert, je crois que tu as sérieusement contribué à ne pas les attirer. N'as-tu pas remarqué que les gens qui se plaignent tout le temps finissent par ne plus avoir personne pour écouter leurs histoires ? En principe, on les fuit et c'est ce qui t'est arrivé. En plus, dans un commerce, c'est plutôt le client qui a envie de se sentir écouté. Combien de femmes, lorsqu'elles n'ont pas le moral, prennent-elles un rendez-vous chez le coiffeur ou même le médecin pour parler ? Certainement, il y a beaucoup à dire sur la politique et les responsables de l'État pourraient se poser de meilleures questions, mais ton pire ennemi dans cette histoire, n'est pas le gouvernement mais toi-même. Tu peux avoir une opinion sans te laisser entraîner par tes émotions. Les gens aux terrasses de café ne sont pas forcément des bons à rien. Ce genre de généralisation est trop rapide et ne pas vouloir payer d'impôt t'éloigne de l'esprit d'abondance. »

Pendant des années, Robert avait employé son énergie à entraîner dans son insatisfaction toutes les personnes qu'il pouvait rencontrer. Dans tous les cas, son attitude était stérile, car il s'attachait à modifier des éléments sur lesquels il n'avait aucun pouvoir. En revanche, ce qui dépendait complètement de lui était de se poser la question suivante : « Que faire pour redonner envie à la clientèle de fréquenter mon établissement et lui offrir la meilleure prestation possible ? » Il accepta de raisonner de cette manière et trouva immédiatement plusieurs idées faciles à mettre en place pour dynamiser son salon, à commencer par sourire et écouter ses clientes.

Robert, tellement absorbé par sa volonté à convaincre de l'injustice de sa situation, avait simplement oublié pendant quinze ans que, sous les cheveux, il y avait aussi des êtres humains. J'ai su par la suite qu'il est parvenu rapidement à changer l'ambiance de son établissement pour le plus grand plaisir de sa clientèle et des employés et qu'il a même embauché du personnel.

Points importants

– Le seul avantage de la victime : se faire plaindre.

– Devant un problème répétitif, la première chose à faire : changer sa manière de penser.

Question à se poser

– Est-ce que me concentrer sur mes difficultés me dirigent vers leurs solutions ?

9e étape : Agir au présent

Barbara était devenue une « accro » de la recherche intérieure. Depuis trois ans, elle s'était lancée dans une démarche intérieure intensive pour comprendre ses difficultés sentimentales. Directrice de l'exportation dans une maison de haute couture, elle mène une vie trépidante avec de nombreux voyages, dans une atmosphère effervescente. Son métier lui donne l'occasion de rencontrer beaucoup de monde et de fréquenter les plus beaux endroits. Extérieurement, sa situation semble très enviable pour bien des femmes qui idéalisent ce genre de vie. Le rythme de son travail est tout à fait stressant ainsi que les caprices de son patron. À la voir si élégante et dans cette ambiance de luxe, ceux qui la croisent sont loin d'imaginer son insatisfaction profonde.

Barbara attire en effet toujours des hommes qui profitent d'elle et disparaissent du jour au lendemain, la renvoyant à ses illusions. C'est ce qui l'a décidé à comprendre pourquoi elle s'attirait ce genre d'histoires. Elle entreprend alors une psychothérapie, persuadée de la nécessité de fouiller dans son passé et dans les manques de son enfance.

Depuis trois ans, deux fois par semaine, elle rencontre son « psy » pour devenir moins vulnérable... En même temps, elle achète tous les livres qu'elle peut trouver sur les relations amoureuses. Néanmoins, quand je la rencontre, elle paraît très désabusée : « J'ai tout essayé, mais rien ne change dans ma vie, j'ai tant de choses à régler que j'ai l'impression que je ne connaîtrai jamais le bonheur sentimental. »

Son travail sur elle-même lui avait cependant permis de découvrir des principes importants pour sa réalisation personnelle. Elle avait appris, en particulier, à entrevoir sa responsabilité dans ses réactions face aux événements. Elle percevait aussi la nécessité d'abandonner ses rancunes et de comprendre que, dans chacune de nos relations, existe une partie de nous-même.

Des efforts de développement personnel, seulement au moment d'une crise, sont insuffisants, mais il ne convient pas non plus de toujours chercher le pourquoi du comment de chaque événement.

Du fait de son caractère perfectionniste, Barbara recherchait en permanence le pourquoi et le comment du moindre incident de sa vie. En voulant ainsi tout décoder, elle se déconnectait du présent et manquait dc regard sur le futur.

Un enfant contrarié jouant avec un camarade a la capacité d'oublier sa vexation cinq minutes après et de reprendre la partie avec une joie intacte. Adulte, nous perdons cette faculté de passer à autre chose instantanément. C'est particulièrement vrai pour Barbara. Maintenant, elle est à chaque fois plus méfiante quand elle aborde une relation. Il importait pour elle de passer à une vision plus sereine de sa vie sentimentale et de comprendre qu'elle pouvait être aimée pour elle-même. Barbara avait aussi besoin d'arrêter de considérer les hommes comme elle les avait toujours vus dans le passé. Il lui fallait également réaliser que c'est surtout en travaillant sur ses comportements au présent que sa vie affective s'améliorerait. En posant comme préambule, « je pourrais avoir une vie pleinement heureuse quand j'aurai compris tous mes fonctionnements », elle se donnait une mission difficile et s'interdisait le bonheur.

Point important
– Les opportunités sont dans le présent et non dans le passé.

Question à se poser
– Quelles actions puis-je poser aujourd'hui pour vivre joyeusement ?

10ᵉ étape : Savoir dire non

Valérie a une vie sentimentale destructrice. « Je vis dans une peur permanente mais je n'arrive pas à échapper à cette relation. » Depuis cinq ans, elle est la compagne d'un homme violent. Terrorisée, elle se sent cependant incapable de rompre. Quand elle a rencontré Pierre, celui-ci connaissait une passe difficile. Il sortait d'un divorce et était très affecté par le refus de ses enfants de continuer à le rencontrer. Professionnellement, il venait de déposer le bilan de sa société de transport qui avait pourtant connu de belles heures, peu de temps auparavant. « Pierre ne correspondait pas à mon rêve d'amour et d'union, mais quand je l'ai vu seul avec ses ennuis, je n'ai pas osé le rejeter lorsqu'il a voulu s'installer chez moi. Cela ne fonctionnait pas vraiment entre nous, mais je me sentais comme piégée, je restais sans volonté devant lui.

Il m'a frappé une première fois au bout de six mois. J'ai voulu alors qu'il parte. Il m'a juré que cela ne se reproduirait pas. Il a été gentil pendant deux mois puis il s'est remis à me frapper. Je suis à bout, je veux qu'il parte mais devant lui, je reste sans réaction. Cela fait trop longtemps qu'il vit à mes crochets. Ses seules activités sont de regarder la télé en buvant une bière et de répéter qu'il était quelqu'un avant de perdre son entreprise. Je ne veux plus qu'il me touche, mais si je me refuse, il pique des colères noires. Nous faisons plus la haine que l'amour. L'autre jour, il m'aurait étranglée sans l'arrivée d'un voisin qui a frappé sur les volets en entendant les cris. J'ai prévenu la police mais je ne sais plus que faire. Quand je suis seule, je suis fermement décidée à le chasser et, face à lui, je n'ai plus aucun moyen pour lui tenir tête. »

Seules la peur et la culpabilité pouvaient la maintenir dans une histoire aussi chaotique. Sans cette incapacité à dire non, jamais sa relation n'aurait pris cette tournure. Pour trouver le courage de s'autoriser au bonheur, il était urgent qu'elle change son rapport avec elle-même et devienne capable de dire non. La personne incapable de dire non, cherche en fait à combler un vide. Un être humain qui s'aime et se respecte devient difficilement manipulable et n'a que faire d'un ersatz de l'amour.

Malgré son charme et son intelligence, elle ne se croyait pas aimable à cause de sa piètre image d'elle-même. Pour retrouver un équilibre émotionnel, une personne, dans une telle situation, doit s'ouvrir à l'importance de la notion d'amour de soi. Ce que Valérie appelait de l'amour n'était qu'une relation malsaine, à la dérive, et traduisait sa culpabilité à l'idée d'une séparation. Le fait de devenir consciente du profond manque d'amour d'elle-même, que lui révélait cette histoire avec un partenaire néfaste, représentait le point de départ de sa libération.

Le bonheur lui sera accessible quand elle comprendra que pour s'aimer soi-même, il est essentiel de cesser de se sentir coupable.

Points importants

– Savoir dire non (à une situation, à une dépendance par exemple l'alcool...), c'est le fondement du respect de soi.

– Refuser de dire non, c'est participer à s'attirer un problème de même nature.

Question à se poser

– À quoi dois-je dire non pour me valoriser ?

Le tableau suivant résume les dix étapes principales intervenant dans la transformation d'une situation.

Votre intuition est essentielle pour les relier à votre expérience et vous indiquer les transformations comportementales à effectuer.

Les stratégies à choisir pour en finir avec les répétitions

1 • S'autoriser au bonheur.
2 • Reconnaître le pouvoir créateur de la pensée.
3 • Renoncer à la culpabilité.
4 • Choisir un nouveau centre d'attention.
5 • Renoncer à la critique.
6 • Affronter la vérité.
7 • Lâcher prise.
8 • Se concentrer sur ce qui dépend de soi.
9 • Renoncer à vouloir tout comprendre.
10 • Savoir dire non.

Reprenons le cas de Robert *(p. 62)* *pour illustrer de manière schématique le fonctionnement de ce tableau.*

Avec quelle situation précise a-t-il pris l'engagement de rompre ?	Quelle stratégie a-t-il dû adopter ?
Avec ses difficultés professionnelles	- S'autoriser au bonheur - Renoncer à la critique - Se concentrer sur ce qui dépend de lui

Exercice

Avec quelle situation précise prenez-vous l'engagement de rompre ?	Quelle stratégie devez-vous adopter ?

5
Résister à la tentation de devenir victime

BEAUCOUP D'HOMMES ET DE FEMMES ont tendance à considérer que les éléments extérieurs modèlent leurs vies. Ils estiment la plupart du temps être victimes des événements et ne pas avoir de libre choix. Aussi lorsque l'on aborde le thème de la responsabilité de chacun à créer sa vie, l'objection suivante apparaît-elle régulièrement : « Il existe des situations où nous n'avons pas de liberté, tout ne dépend pas de nous. » Cette constatation signe la difficulté à s'extraire du fonctionnement de victime.

Annie Marquier a fort bien décrit dans son ouvrage *Le pouvoir de choisir* ce syndrome de la victime si répandu : *« Je suis impuissante(e) et vulnérable dans un monde hostile, injuste, dangereux et soumis au hasard. Il y a des gens qui ont de la chance et d'autres pas. La vie est incohérente, imprévisible et pleine de dangers. Je n'ai pas, ou très peu, de pouvoir sur ce qui peut survenir dans mon existence. Il est bien difficile d'obtenir ce que l'on veut dans la vie.*

Le mieux que l'on puisse faire c'est de se battre, essayer de contrôler au maximum, se protéger et se défendre des autres et de la vie et, éventuellement, prier le ciel pour qu'il ne nous tombe pas sur la tête. » Elle ajoute : « *Cette façon de percevoir le monde constitue la réalité au sein de laquelle vivent la plupart des gens. C'est la paire de lunettes à travers laquelle ils regardent la vie. Lorsque l'on porte une paire de lunettes bleues, on voit tout en bleu. Les difficultés surviennent lorsque l'on oublie que l'on porte une paire de lunettes sur le nez et que l'on croit, tout d'un coup, que tout est réellement bleu. La plupart des gens pensent que la vie est ainsi faite, et ils protestent bruyamment si vous leur dites que la vie peut être différente. Ils tiennent à leur point de vue et ont toute une série de "preuves" à vous donner pour les justifier. Il leur suffirait pourtant de changer de lunettes pour savoir que la vie peut montrer d'autres couleurs...* »

La victime a toujours tendance à occulter sa responsabilité.

Dans bien des aspects de l'existence (maladie, accident...), nous avons des difficultés à admettre notre responsabilité.

Cependant admettre que nous participons à la création de notre réalité est absolument fondamental pour s'extraire du fonctionnement de victime.

Il est d'abord fondamental de comprendre qu'une vie qui ne répond pas à nos aspirations reflète, essentiellement, nos propres limitations et toutes les restrictions que le manque d'amour de soi impose. Cette prise de conscience représente déjà une étape vers la libération.

Les circonstances prennent le sens que nous leur donnons.

Quelle que soit la situation, nous pouvons décider de lui accorder telle ou telle signification. La manière dont nous réagissons aux événements est déterminante sur le cours de notre vie.

L'autorisation au bonheur demande impérativement l'abandon du rôle de victime.

Josiane ignorait qu'elle fonctionnait comme une victime. Elle se plaignait de la présence, chez elle, de sa belle-mère handicapée qu'elle décrivait comme une femme autoritaire et acariâtre. « Cette femme me rend folle, me dit-elle. Mon mari est comme un petit garçon devant elle et nous ne pouvons jamais partir nulle part. Vous n'allez tout de même pas me dire que cette conjoncture dépend de moi ! Je ne vois pas comment en finir avec cette situation. Cela fait des années que cela dure mais je ne vais pourtant pas l'empoisonner ! »

Son refus de responsabilité quand elle affirmait : « vous n'allez pas me dire que cela dépend de moi » la maintenait dans l'énergie de victime. Tout son discours et ses gestes d'impatience le confirmaient.

Si nous prenons conscience que nous pouvons agir sur le cours de nos vies par nos choix, nous devons bien admettre notre responsabilité dans ce que nous vivons aujourd'hui. La notion de responsabilité est un pas essentiel pour l'acceptation d'une situation.

Développer l'énergie indispensable pour influer positivement sur sa vie allait demander des efforts à Josiane. Tout d'abord, elle devrait abandonner son sport favori : la critique et l'apitoiement sur elle-même.

Personne n'a jamais rien résolu en affirmant : « C'est la faute des autres. »

> *« Renoncer au fonctionnement de victime est aussi important que de refuser la croyance qu'un problème n'a aucune solution. »*

Six mois plus tard, son discours était transformé : « Dès que j'ai découvert mon personnage de victime, j'ai refusé de continuer à m'apitoyer sur mon sort et je me suis inscrite à une formation d'histoire de l'art. Cela me passionne et la maison est souvent le lieu des réunions d'après cours. Les semaines passent très vite maintenant. Je décidai également d'être plus compréhensive avec ma belle-mère. Sans être chaleureuses, nos relations devinrent assez vite moins acidulées. J'ai compris l'importance de commencer par m'autoriser au bonheur même si, bien sûr, tout n'est pas encore parfait. Quant à mon désir de voyager, j'y suis toujours attachée, mais j'attends sereinement que cela soit possible. Mon mari s'emploie d'ailleurs à trouver un établissement agréable adapté au cas de sa mère. Cette dernière est d'accord sur le principe ce qui est déjà formidable. »

« Chaque fois que vous êtes tentés de réagir de façon conditionnée, demandez-vous si vous voulez rester prisonnier du passé ou avancer résolument vers le futur.
Le passé est fixé et limité ; le futur est ouvert et libre. »

Deepak Chopra

La manière dont nous réagissons aux événements est déterminante sur le cours de notre vie. Nous avons théoriquement le choix : rester dans le camp des victimes ou bien nous donner le droit d'aller vers nos aspirations en fixant un nouveau centre d'attention. Cette constatation représente déjà un pas vers la libération.

Dès que notre conscience se transforme, les conditions et les circonstances évoluent.

Le manque d'enthousiasme doit toujours être considéré comme un passage : le fruit d'un certain fonctionnement psychologique.

Pour que le changement auquel on aspire intervienne, il est nécessaire d'en établir d'abord l'équivalence mentale.

Il importe donc de devenir observateur de nos comportements et de nos pensées. Rien n'est anodin dans notre manière d'être.

Le défi pour évoluer consiste à viser, d'abord, une transformation intérieure. Quelques changements essentiels sont capables d'ouvrir la voie vers une plus grande réussite personnelle.

« La compréhension des principes du bonheur est un fabuleux instrument d'évolution, car la réalité extérieure est toujours le reflet de la réalité intérieure. »

Le travail de transformation nécessaire passe par la compréhension du mode de construction de nos émotions et par la découverte de notre capacité de création.

Comment la pensée est-elle créatrice ?

Le docteur Joseph Murphy a remarquablement expliqué dans ses ouvrages sur le fonctionnement de l'esprit. Son enseignement dit en substance à peu près ceci.

L'esprit humain comprend deux plans :

- le *conscient,* qui nous permet de penser de façon rationnelle et volontaire.
- le *subconscient,* qui effectue tout ce dont nous ne sommes pas conscients mentalement et physiquement.

Le subconscient, s'il gouverne notre vie, fonctionne sans capacité de raisonnement logique. Il accepte toutes les suggestions qu'il reçoit. Que celles-ci soient vraies ou fausses, son mode de raisonnement étant d'ordre strictement déductif, il les intègre comme des vérités.

Tout ce que l'esprit conscient accepte comme vrai est accepté comme tel dans notre esprit subconscient.

Aussi, faut-il avoir la notion de l'importance capitale des suggestions faites à notre subconscient. Notre esprit conscient représente l'esprit qui raisonne. C'est lui qui sélectionne nos choix. Nos décisions sont prises avec notre esprit conscient. Dès que le subconscient accepte l'idée dominante qui lui est imposée, c'est-à-dire ce que l'on croit consciemment, il se met alors en action conformément à notre conviction.

Une croyance est une idée pour laquelle on a un sentiment de certitude et, dès que celle-ci est acceptée par le subconscient, elle détient un pouvoir organisationnel.

Le docteur Murphy précise aussi que notre subconscient n'a pas la capacité de jugement, c'est un exécutant. Il est comparable à un jardin où rien ne saurait germer tant que la terre n'a pas été ensemencée.

Nous sommes des agents créateurs par le biais de nos croyances et de nos pensées dominantes.

L'histoire de l'acteur Jean Marais illustre le parcours de quelqu'un qui, en adoptant le discours d'un optimiste, a pu faire basculer les circonstances de sa vie. Jeune inconnu avant-guerre, il rêvait de devenir acteur et hantait les studios parisiens dans l'espoir de décrocher un engagement. Il surprit un jour une discussion au sujet d'un autre acteur qu'un metteur en scène se proposait d'engager. Le contrat était presque signé quand un membre de l'équipe s'opposa au choix de l'acteur prévu prétextant que c'était un garçon malchanceux et qu'avec lui le film ne marcherait sûrement pas. Fort de cette observation, Jean Marais raconte qu'il décida alors immédiatement de se présenter sur les lieux de tournage comme une personne ayant « une chance extraordinaire ». Rapidement, il trouva un contrat qui lui permit de démarrer sa grande carrière. Par la suite, il conserva cette habitude et continua à affirmer sa nature chanceuse. Durant la guerre, des missions délicates et dangereuses lui furent confiées, sa réputation de chanceux le suivant désormais.

Le fait de changer de langage peut donc avoir un retentissement formidable ; même si cela n'est pas toujours simple dans la pratique, c'est néanmoins possible. Parfois, comme dans cet exemple, on obtient un résultat en adoptant un langage stratégique sans qu'il n'y ait eu, en apparence, un réel travail intérieur. En fait, il n'y a pas de hasard et cet acteur était sûrement près, dans sa globalité, à fonctionner avec le discours « je suis un chanceux ». Il pouvait l'affirmer sans avoir l'impression de se mentir à lui-même, ce qui aurait enlevé toute valeur à son discours. L'extérieur est toujours le reflet de l'intérieur.

« Les hypothèses développées autour de la pensée créatrice induisent que nos pensées sont le départ de toutes nos réalisations et que tout existe d'abord dans notre imagination. »

Catherine Balance

**En maîtrisant notre façon de penser,
nous devenons des créateurs conscients.**

6
Quelles questions se poser pour changer sa vie ?

L'ANALYSE DE NOTRE QUESTIONNEMENT intérieur, dans un domaine précis de notre existence (argent, santé, amour...), offre une capacité immédiate à nous orienter dans le sens de nos aspirations profondes.

Certaines interrogations font naître la crainte alors que d'autres suscitent des réponses dynamisantes. D'une manière générale, les questions commençant par « pourquoi ? » se révèlent fréquemment inutiles. Ce sont celles commençant par « comment ? » qui sont les plus importantes pour trouver une solution à un problème.

**Les questions détiennent un pouvoir,
car elles contiennent toujours la réponse.**

Si l'on recherche du rouge, on va trouver du rouge et ne plus voir les autres couleurs.

Quelle question se poser sur l'argent ?

La question de Gilbert… Marié et père de cinq enfants, Gilbert vit une situation matérielle très difficile. Son épouse et lui sont agents commerciaux. Quand il a du travail, c'est sa femme qui n'en a plus et réciproquement. Jamais, ils n'ont été tranquilles à ce sujet à tel point que Gilbert dit redouter d'ouvrir la boîte aux lettres à cause des lettres d'huissiers. Sa belle-mère est toujours obligée de venir à leur rescousse, ce que ne manque pas de lui rappeler sa femme, et leur vie de couple s'est profondément dégradée. Son interrogation majeure à propos de l'argent : « Vais-je sortir un jour des ennuis ? » Il ajoute que cette question est devenue angoissante à cause des enfants. La crainte de ne pouvoir les faire vivre correctement l'obsède. Et si c'est le cas, on ne va pas manquer de le rabaisser dans son entourage.

Derrière une question se cache toujours un besoin. Pour Gilbert, c'était la sécurité matérielle et son interrogation le conduisait à l'opposé de son souhait. Il était impératif dans son cas de fonctionner avec une approche différente. Que lui avait apporté une telle question jusqu'à présent ? « Cela m'a certainement amené à beaucoup douter de moi et aussi de la vie. Avec elle, j'ai toujours eu tendance à voir la bouteille à moitié vide. À un moment, j'ai envisagé la création d'une entreprise de prestations de service, mais j'ai renoncé à me lancer dans l'aventure par peur de l'échec. Mon projet demandait un faible investissement et cette idée a d'ailleurs été reprise avec succès depuis. »

J'invitai Gilbert à découvrir quelle question pourrait répondre à son besoin de sécurité et à son désir d'abondance, tout en le mettant dans une meilleure énergie.

Il suggéra alors : « Que faire pour sortir de cette situation ? » Cette nouvelle question avait le mérite de proposer une action, mais se concentrait trop sur l'aspect négatif de sa situation actuelle. Gilbert avait grand besoin d'une question qui le dynamise. Il proposa alors : « Qu'est-ce que je peux faire pour mieux gagner ma vie ? » Cette fois, la question était susceptible de l'aider à atteindre son objectif. Du doute sur lui-même, elle l'amenait à l'action.

Au moment de cette conversation, Gilbert travaillait pour une grande marque d'ordinateurs réputés pour leurs performances, mais à chaque réunion hebdomadaire ses chiffres le positionnaient régulièrement dans le bas au tableau des résultats. Gilbert se sentait mal à l'aise dans cette société et redoutait un licenciement. Une question comme « Que faire pour mieux gagner ma vie ? » pouvait réellement le diriger vers des solutions. Il décida d'abord de cesser de blâmer les circonstances et ensuite d'accepter de se remettre en cause en tant que vendeur. Il représentait un produit d'excellente réputation et à la mode, le problème venait donc de lui. Il élabora alors le programme suivant :

- aborder chaque client avec enthousiasme,
- apprendre à écouter ses clients,
- développer une connaissance parfaite du matériel qu'il proposait,
- cibler son action sur les grosses sociétés pour viser des contrats importants,

– présenter son argumentation avec un discours positif,
– traiter les commandes avec le maximum de rapidité,
– s'assurer après chaque livraison de la satisfaction de ses clients.

Deux mois plus tard, son chiffre d'affaires avait doublé.

La faculté d'orientation des questions
est considérable, c'est un véritable gouvernail
qui nous dirige dans un sens ou dans l'autre.

Jean-François savait d'instinct se poser les bonnes questions en matière d'argent. Parti de rien, il avait réussi à monter une société d'électronique au succès prodigieux et employait plusieurs centaines de personnes. Sa société de renommée internationale montait en puissance et l'argent coulait à flots. Il avait traduit les initiales de sa compagnie en une formule à succès qui sans trahir son nom revenait à affirmer son succès dans le style de « par ici la monnaie ». Son parcours est révélateur de la faculté d'une question à orienter notre comportement.

Jeune ingénieur, il avait été licencié à un moment où la conjoncture économique était défavorable dans sa branche d'activité. C'était pour lui un signe que le temps était venu de passer à autre chose et non pas un désaveu de sa personne. Aussi, il n'hésita pas à remercier son patron pour cette décision. Il ne savait pas encore ce qu'il allait faire, mais il se posa immédiatement une question forte et très inspirante, pensant qu'elle lui amènerait des réponses constructives : « Que vais-je créer pour prouver ma valeur ? » C'est ainsi qu'il eut l'idée de fonder sa propre société.

Si Jean-François s'était demandé « qu'est ce que je vais devenir si je ne retrouve pas un autre emploi ? », la suite des événements aurait sans doute pris une tournure très différente. À longueur de journées, Jean-François se pose maintenant la question suivante : « Quel nouveau produit serait utile dans mon secteur ? »

La dernière fois que je l'ai rencontré, il m'annonçait fièrement qu'il venait de déposer son vingt-troisième brevet.

Quelle question se poser en amour ?

Arrivée à la trentaine, Annick s'inquiète pour son avenir sentimental : « Je ne suis pas plus moche qu'une autre, je me demande pourquoi je tombe toujours sur des garçons qui ne me conviennent pas et, en plus, fauchés ! » Annick était tombée dans le piège du « pourquoi » qui permet rarement de faire avancer les choses de manière concrète. Son interrogation révélait un double besoin : l'amour et la liberté financière.

Je lui proposai d'aborder son problème de façon plus constructive avec l'interrogation suivante : « Que dois-je changer en moi pour rencontrer un homme qui me comble sentimentalement et matériellement ? » Cette question suscita des réflexions nouvelles pour Annick :

1 • Est-ce que son look était cohérent avec son désir ? Jusqu'alors Annick n'accordait guère d'importance à sa présentation : trois jeans et quelques pulls représentaient toute sa garde-robe. Ni sa coiffure, ni son maquillage ne grevaient son budget.

2 • Est-ce que le style de vie qu'elle menait s'avérait propice à la rencontre espérée ? Elle passait le plus clair de son temps à la campagne auprès de sa cheminée ou dans de longues promenades en forêt.

L'analyse de ces questions l'amena à réaliser que, jusqu'alors, ses habitudes entraient en contradiction avec son objectif.

Il y avait une certaine incohérence entre le fait de vouloir un compagnon qui l'emmène dans les grands restaurants et celui de négliger son côté féminin. D'autre part, elle dut convenir que, dans les endroits qu'elle fréquentait habituellement, elle avait peu de chance de rencontrer ce genre d'homme.

Cette nouvelle approche va l'amener à établir une véritable stratégie de séduction. Elle adopte une coiffure plus jeune et s'intéresse à son habillement. Sans renier son allure sportive, elle devient élégante en choisissant de beaux accessoires. Son travail lui offre l'occasion de participer à différents congrès, elle ne refusera plus désormais cette possibilité. Elle décide aussi que « sa campagne » ne sera plus pour elle synonyme de solitude en s'inscrivant dans un tennis club très couru.

Tous ces changements vont lui faire reprendre contact avec sa féminité et son désir d'une nouvelle vie. Dès lors elle s'ouvre à une opportunité de rencontre.

> *« Une question peut changer*
> *le cours de notre vie. »*

Comment donner plus d'amour dans ma vie ?
Comment avoir une vie plus enrichissante ?

Les personnes qui sont le plus susceptibles de nous aider sont celles qui nous amènent à nous poser les bonnes questions.

7
Retrouver son idéal

LA PLUPART DES GENS ATTENDENT que les difficultés s'accumulent pour commencer à prendre leur vie en main. Ils agissent dans l'urgence alors que le bonheur devrait se préparer.

> *« Les rêves sont détruits plus par abandon que par les circonstances de la vie. »*

L'extérieur est toujours le reflet de l'intérieur.
Toutes nos expériences sont liées
à notre état de conscience.

Il est possible de se donner la « compétence » de réaliser ses désirs en développant certaines stratégies. Cela suppose la volonté d'apprendre et, ensuite, d'appliquer des méthodes ayant fait leurs preuves.

La maîtrise d'une stratégie permet de parvenir à un résultat spécifique et également de créer les conditions pour le reproduire.

Pour établir l'équivalence psychologique de nos désirs, nous disposons concrètement de la pensée, la parole et l'action.

Il s'agit à la fois d'un art et d'une technique.

8
La stratégie pour un nouveau futur

Construire une vision

> « *Le préalable à tout changement réside dans une nouvelle vision.* »

LA VOLONTÉ DE REPRENDRE CONTACT avec ses désirs constitue la phase initiale indispensable pour renouer avec ses ressources intérieures. La vie s'apparente à un processus de création. Supprimer les désirs, cesser de vouloir progresser s'oppose à ce processus et interdit tout épanouissement.

Un désir véritablement créateur porte en lui une véritable force constructrice. Pour reprendre contact avec les désirs véritables qui ont marqué notre jeunesse, nous avons tous intérêt à prendre le temps de rêver et d'écrire notre vision en faisant des choix qui nous élèvent.

Rêvez grand, rêvez beau.

Les choix ne doivent pas être contradictoires au risque de faire du « sur place ». C'est comme si vous donniez plusieurs adresses à la fois en montant dans un taxi, le chauffeur ne saurait pas où vous emmener. Pour votre esprit, c'est identique.

L'abandon des rêves n'est jamais gratuit, il a un coût : celui d'une vie résignée.

Parfois, cela se termine par une crise majeure, lorsque la stagnation et la déception finissent par ne plus être acceptées. C'est bien souvent au fil de l'écriture que l'on se surprend à redécouvrir des désirs oubliés mais essentiels pour la réalisation de soi.

Écrire vous engage et met de la clarté, de la précision dans vos pensées.

Cette étape consistant à écrire votre idéal, se révèle toujours précieuse. Il est important de faire le nécessaire pour vous y consacrer totalement. Réfléchissez au calme. Allez dans la nature. S'il le faut, partez seul un ou deux jours pour faire cet exercice. Avec le recul, vous vous apercevrez de l'importance de cette démarche.

« Le véritable bonheur implique davantage d'expression de soi. Cela suppose de rester engagé à réaliser nos rêves. »

Lorsque l'on porte en nous un profond désir de réaliser quelque chose d'essentiel pour notre expression, cela signifie que nous possédons, à l'intérieur de nous-mêmes, la capacité à l'accomplir.

Il est donc absolument indispensable de définir nos souhaits de manière claire, en vérifiant que nos choix sont bien en accord avec nos aspirations profondes.

**Les gens les plus heureux s'autorisent
à agir dans le sens de leurs rêves.**

Plutôt que de vous focaliser sur ce que vous ne voulez pas, énoncez clairement ce que vous voulez et pourquoi vous le voulez.

**Nos objectifs ne doivent pas se définir
en fonction de notre passé et de nos échecs,
mais de nos souhaits actuels.**

Tout ce que l'on imagine avec certitude et un sentiment profond finit par se manifester dans notre vie. Il se crée une sorte de polarité. L'imagination devance toujours la réalisation.

Utilisez un discours imagé, des métaphores. Un moyen simple pour savoir si votre langage est approprié : celui-ci doit vous rendre heureux et joyeux, les mots doivent vous donner la physionomie du succès (buste droit, visage souriant…). Ainsi votre corps va être en cohérence en exprimant l'enthousiasme et la détermination.

**Choisir un objectif qui inspire réellement
libère une force intérieure extraordinaire.**

Il importe de veiller à se fixer des objectifs réalisables, ce qui ne veut pas dire sans ambition. Soyez précis, donnez des détails, pensez à la personne que vous voulez devenir car c'est le fait d'évoluer qui apporte la joie de vivre. À ce stade du contact avec vos désirs, il est très important de vérifier la métaphore que vous utilisez habituellement pour décrire la vie.

La personne qui considère la vie comme une bagarre permanente ou au contraire un jeu, abordera les circonstances d'une manière totalement différente.

De la même façon que la question détermine la réponse, la métaphore détermine l'expérience.

Lorsque vous vous surprenez à résumer votre vie ou votre profession par une métaphore négative, remplacez-la immédiatement par une métaphore constructive.

J'ai rencontré une jeune femme pétillante, très heureuse et très fière de sa boutique de cadeaux dans une grande ville. « Moi, je suis heureuse avec mon magasin, c'est une machine à sous, je fais de l'or. » Elle me raconta par contre, dans le même temps, que sa sœur, possédant une boutique équivalente dans un autre quartier très commerçant, se plaignait de son chiffre d'affaires. Elle appelait ce magasin « son boulet ». Rien d'étonnant alors à ce que son commerce lui semble difficile à faire prospérer.

Si vous persistez à dire que la vie est un combat, il y a de grandes chances pour que vous n'empruntiez pas les chemins les plus faciles pour aller vers vos désirs.

Qu'est-ce que la vie pour vous ?

Il est possible de multiplier les métaphores sur la vie, mais, l'important, c'est qu'elles soient toutes dynamisantes.

Commencez par considérer la vie comme un prodige.

Les objectifs doivent être réalisables sans utopie et sans risque de conflits intérieurs une fois atteints.

Vérifiez également que les objectifs souhaités ne sont pas en contradiction avec vos valeurs essentielles. Par exemple, si la sécurité représente, dans votre for intérieur, une condition majeure à votre bonheur, choisir un objectif comportant une prise de risques amènera la confusion.

Cultiver la vision d'une vie heureuse : voir grand

Les leaders possèdent l'aptitude innée, ou se sont conditionnés, à voir plus grand et plus loin que les autres.

La capacité de rester totalement fidèles à leurs rêves et de faire preuve d'audace caractérise également ceux qui réussissent brillamment.

Notre vie est conditionnée par ce sur quoi nous nous focalisons.

Se concentrer sur ce que l'on n'a pas est rarement productif, alors que porter notre attention sur ce qui représente pour nous un désir, voire un défi, ouvre à la vie et génère l'enthousiasme. Un des plus célèbres entraîneurs du football international, qui a le privilège de diriger les meilleurs de ce sport, préfère se concentrer sur les qualités de ses joueurs en faisant l'impasse sur leurs faiblesses. S'il recrute un champion du dribble, c'est son dribble qu'il va lui faire le plus travailler, encore et encore.

« Tout ce qui existe, tout ce qui est construit correspond à la vision d'une personne à un moment donné. »

Les grands créateurs, les grands bâtisseurs, ont développé leur faculté à visualiser et sont capables de se projeter de manière constructive dans l'avenir. Le monde est beau grâce aux visionnaires.

Le procédé le plus efficace pour se relier à la capacité organisatrice du subconscient repose sur la technique des images mentales.

La sagesse chinoise rappelle
qu'une image vaut mille mots.

L'imagination humaine ne connaît aucune limite pour concevoir des situations et nous communiquons, en permanence, inconsciemment, des images à notre subconscient.

• **L'essentiel est de parvenir à une image claire du résultat désiré.**

Certains redoutent de ne pas parvenir à pratiquer une visualisation dirigée. En réalité, chaque être humain visualise à longueur de journée, sans y penser avec attention. Ce processus est inné, nous le possédons tous. Notre cinéma mental travaille en permanence. Il convient d'apprendre à utiliser notre imagination de manière constructive, en assurant la mise en scène de nos objectifs de façon méthodique.

« Je ne pense jamais en mots ; je pense en images. »
Thomas Alva Edison

Le monde des affaires a bien compris le pouvoir des images. Pourquoi, en effet, la minute de publicité est-elle chère à la télévision si ce n'est à cause de cette désormais classique constatation que l'acheteur est attiré par ce qu'il a déjà vu ? Même dans le domaine pharmaceutique, la publicité règne en maître. Des fortunes sont dépensées à des fins commerciales et le budget publicitaire dépasse celui consacré à la recherche. Dans le monde de la mode, la clientèle achète une image et le marketing compte autant que le talent.

« Votre vision est la promesse de ce que vous serez un jour. »
James Allen

La visualisation répétée relie directement au subconscient, véritable champ d'énergie et d'intelligence.

En anticipant le futur, la vision dominante que nous lui transmettons devient une véritable cible. Ce à quoi nous accordons notre attention devient, tôt ou tard, notre réalité.

- **Comment pratiquer une visualisation consciente de nos désirs ?**

Il s'agit de s'unir mentalement et émotionnellement à son désir, en imaginant fréquemment son accomplissement. Plus simplement, il suffit de contempler son désir. Les pessimistes sont souvent passés maîtres dans l'art de la visualisation. Hélas, ils l'utilisent à l'encontre de leurs espoirs. Ils transmettent à leur subconscient l'image de ce qu'ils redoutent au lieu de ce qu'ils souhaitent. Certains parviennent à visualiser toute la journée en répétant maintes fois leurs scénarios négatifs.

Visualiser pour réaliser

Dans cette technique mentale, où l'on imagine avoir obtenu ce que l'on souhaite, il est essentiel de s'assurer que la réalisation de notre projet n'a aucun caractère préjudiciable pour autrui et qu'il n'y a pas de contradictions dans nos objectifs.

Deux questions doivent diriger toutes vos visions : « Est-ce légal ? Est-ce loyal ? »

Nous devrions toujours choisir des objectifs qui apportent joie et bonheur autour de nous. Une fois l'idée acceptée par le subconscient, le processus de changement devient possible. Le cerveau va organiser un comportement inconscient propice à sa réalisation.

La clarté est fondamentale pour exploiter la puissance organisatrice du subconscient.

On assiste alors à la mise en place d'un véritable phénomène d'attraction énergétique de certains événements.

Le processus doit être soutenu par l'intime conviction de la réalisation. C'est le contraire du doute.

Votre cinéma mental relève complètement de votre choix. Vous devenez le metteur en scène, le responsable de votre création. Comme l'architecte imaginant son projet terminé, alors qu'il n'est encore qu'une idée dans son esprit, contemplez mentalement votre désir accompli. Lors de la pratique de la visualisation, il faut parvenir au sentiment de l'accomplissement, en ressentir la satisfaction, éprouver la fierté, le plaisir et la joie qui accompagnent la réussite.

La réalité de votre désir doit vous absorber.

« Véritables impulsions d'énergie et d'information, les images mentales ont tendance à s'exprimer sur le plan physique. »

Est-il nécessaire de visualiser souvent ?

Les exercices de visualisation doivent idéalement se pratiquer deux à trois fois par jour, dans le calme et le silence, sans effort mental, dans un état de passivité, de détente. Paradoxalement cette nécessité de concentration suppose, en même temps, un détachement par rapport au résultat. Vous avez communiqué une image à votre subconscient et vous « savez » qu'elle va se développer. Inutile de toujours se poser la question quand ou comment ? Goethe, le génie allemand, avait coutume, paraît-il, de résoudre des problèmes par l'imagination. Il entretenait ainsi, pendant de longues heures, des conversations imaginaires avec un ami qui lui répondait selon ses souhaits. Cette méthode est reprise aujourd'hui par divers auteurs sous l'intitulé de « visualisation créatrice ».

Nous réagissons à toute situation en fonction des *a priori* ou préjugés qui nous viennent à l'esprit.

Des images liées à nos croyances et à nos expériences passées sont associées dans notre cerveau aux différentes situations de la vie. Un véritable registre de données personnelles se constitue ainsi et conditionne nos réactions.

Guy est ingénieur : l'idée de parler en public l'effraie. Sa direction lui demande de donner des cours à d'autres ingénieurs, avec une belle promotion à la clé. Son intérêt est évident, mais il n'ose cependant accepter la proposition. La simple pensée de se trouver devant un auditoire le rend malade. Il aimerait offrir une meilleure situation à sa famille, mais préfère demeurer à son poste, quitte à subir des remarques désobligeantes de ses supérieurs. S'il imagine quel sera son comportement devant un auditoire, aussitôt il se décrit bafouillant, oubliant la moitié de ce qu'il doit dire. Il ne lui est pourtant jamais arrivé de donner un cours. Néanmoins, il est frappant de constater toutes ses certitudes par rapport à une situation qu'il n'a pas vécue en réalité. Guy venait de sortir dans son fichier mental le dossier intitulé : « Je ne suis pas capable de donner un cours. »

Notre cerveau ne fait pas la différence entre une image de notre esprit et la réalité, entre le virtuel et le concret.

C'est là une opportunité de reconstruire délibérément notre registre de données. Guy va ainsi pouvoir se créer un autre fichier intitulé : « Du plaisir à enseigner. » Pour cela, chaque jour, à plusieurs reprises, il va imaginer la difficulté résolue, visualisant ses dirigeants le remerciant et le félicitant pour la qualité de ses cours. Il pratiqua ces exercices pendant trois semaines, accumulant mentalement des images positives associées au fait de parler en public. Finalement, il accepta courageusement cette promotion pour sa plus grande fierté et celle des siens.

Aujourd'hui, quand son travail le conduit à donner des cours, il n'ouvre plus le tiroir de son esprit contenant des clichés de peur et de confusion. Il a entièrement intégré une association positive à la prise de parole devant un auditoire. Guy a simplement fait l'expérience sur le plan objectif de ce qu'il avait réussi à établir dans son esprit. Toutes nos limitations sont étroitement liées au fait que nous associons des images négatives à ce que nous recherchons.

Contempler régulièrement des images de l'accomplissement d'un désir constitue la stratégie la plus puissante pour se rapprocher de sa réalisation.

David n'avait pas d'argent au moment de son mariage. Voici comment il a utilisé la méthode de visualisation. « Je venais juste de finir mes études, mais je voulais cependant offrir une superbe bague à ma future épouse. J'ai pensé alors que la technique d'impression du subconscient par des images, enseignée dans le livre *La puissance de votre subconscient* du Dr Joseph Murphy, allait m'aider. Tous les jours, j'allais devant la vitrine de la plus prestigieuse bijouterie de la ville et je me concentrais sur une des bagues les plus chères de la vitrine, même si son prix dépassait totalement mes moyens de l'époque. Je prenais également soin, plusieurs fois par jour, de visualiser ma fiancée heureuse avec cette belle bague au doigt. Curieusement, ma situation évolua assez vite financièrement et je me retrouvai en mesure d'acheter une bague de prix. Le bijoutier me suggéra néanmoins de présenter plusieurs de ses plus belles pièces pour être certain d'offrir un bijou au goût de Catherine. J'acceptai sa proposition et, au moment du choix, parmi les six bagues exposées, Catherine désigna celle que j'avais toujours vue à son doigt alors que je ne lui en avais jamais parlé. »

Faire un plan

Le succès demande que l'on ait une détermination ferme à atteindre un objectif. Les gagnants suivent une stratégie, une ligne de conduite.

**Un rêve sans plan a de grandes chances
de rester un rêve.**

*Pour maintenir un enthousiasme intact
à mettre votre plan en application,
gardez les yeux dirigés vers votre objectif
et donnez-lui toute votre attention.
Le sentiment de mériter le meilleur
doit aussi vous accompagner.*

« Parce que je le vaux bien… »

Avec ce slogan, les publicistes d'une célèbre société de cosmétique ont formidablement résumé la nécessité de l'amour de soi.

Il est souhaitable de faire des plans aussi bien dans les domaines professionnel que personnel. Il y a trop d'exemples dans la société moderne qui aboutissent à des situations critiques lorsque l'on se concentre exclusivement sur la vie professionnelle au détriment de la vie personnelle et familiale.

Une vraie réussite passe par l'équilibre.

Le plan d'action doit toujours être orienté vers le résultat et venir s'appuyer sur des éléments sous notre influence directe comme, par exemple, la décision d'acquérir une nouvelle compétence.

La précision constitue un atout essentiel pour un plan. Plus le programme sera réfléchi, plus vous mettrez en place les éléments de votre réussite.

9
La cohérence avec nos désirs

POUR DÉVELOPPER UNE APTITUDE à réaliser nos grands objectifs, un comportement précis doit soutenir notre vision.

Grâce au corps

« Le meilleur moyen d'influencer son esprit, c'est de bouger son corps. »

L'interaction corps-esprit est totalement réciproque.

Une personne résignée se présente généralement avec l'allure suivante :

– les épaules s'affaissent, la tête est basse,
– la respiration est peu profonde,
– les muscles du visage sont tendus.

Une personne épanouie aura une expression corporelle opposée :

– les épaules sont redressées avec la tête haute,
– elle respire à plein poumons et les muscles de son visage sont détendus.

> “ *S'il est vrai que les émotions influencent l'attitude corporelle, il est vrai également que les attitudes corporelles provoquent des émotions.* ”

Demandez à quiconque de se concentrer les yeux fermés sur un épisode de sa vie et observez-le. Rapidement la position de son corps, sa respiration vont se modifier. Il est alors très facile pour l'observateur de deviner le caractère heureux ou triste de la situation. Dans ce cas, c'est l'émotion qui a déterminé l'attitude corporelle. Demandez à une personne de sauter sur place les bras en l'air en tapant dans les mains et rapidement un sourire s'installera sur son visage.

Dans ce cas, c'est l'attitude corporelle qui a provoqué l'émotion de joie.

Pensées et sentiments positifs sont directement liés à la manière dont nous utilisons notre corps. Le mouvement crée l'émotion et réciproquement.

Pratiquer l'exercice de la synchronisation issu de la PNL (programmation neurolinguistique) est un excellent moyen de découvrir l'influence du corps sur le mental. Il consiste à observer l'attitude d'une personne et à la reproduire pour se placer dans le même état émotionnel.

Exercice de la synchronisation

Cette expérience facile illustre comment, par notre corps, il est possible presque instantanément de ressentir une émotion négative ou positive.

Elle demande la participation de trois personnes :

- un observateur,
- un témoin,
- un sujet miroir.

Le sujet témoin et le sujet miroir (que l'on peut aussi appeler l'imitateur) sont assis l'un à côté de l'autre, les yeux fermés, et restent silencieux durant toute l'expérience.

Il est d'abord demandé au témoin de se remémorer en silence un souvenir important de son choix. Un peu de temps est laissé au sujet témoin pour qu'il se réinstalle dans son souvenir.

Le travail de l'observateur est alors de guider le sujet miroir pour qu'il adopte la même attitude corporelle que le témoin et ce dans les moindres détails (position, gestes éventuels, respiration).

Les détails de posture sont donc finement observés et synchronisés.

Au bout de deux ou trois minutes, l'observateur demandera au sujet miroir ce qu'il a ressenti durant cette expérience.

On s'aperçoit alors que le miroir, une fois positionné de manière identique que le témoin, a ressenti les mêmes émotions. Cela parfois avec une grande précision alors qu'il n'avait aucun moyen de connaître la situation évoquée.

Reproduire précisément le comportement d'une personne conduit à ressentir le même état émotionnel.

Les modèles que nous choisissons dans notre vie ne sont pas anodins : s'identifier régulièrement à quelqu'un en imitant sa gestuelle amène à devenir le personnage. Il faut être prudent dans le choix d'un modèle. La personne qui simule régulièrement des symptômes pour se dispenser de certaines obligations intimes, familiales ou professionnelles, développe un risque réel de présenter de véritables symptômes dans le futur.

« Notre corps influence notre conscience. »

Les applications pratiques de l'influence du positionnement du corps sur l'esprit peuvent s'avérer prodigieuses pour libérer la nature positive d'une personnalité.

L'utilisation du corps pour vaincre les états dépressifs devient aussi importante que celle du mental et du cerveau.

Tout être humain en bonne santé peut ainsi acquérir une physiologie dynamisante qui ouvre à la vie et permet de soutenir un comportement positif.

« Pour ressentir un état psychologique dynamique, notre corps doit adopter une attitude particulière, une physiologie bien précise. »

Pour exprimer la joie par votre corps, observez les personnalités rayonnantes et imitez-les dans leurs manières de parler et de bouger.

Adoptez immédiatement l'attitude de celui ou celle que vous voulez devenir.

> *« Le corps agit plus rapidement sur le mental que l'inverse. »*

Le changement d'état émotionnel peut même parfois être instantané grâce au mouvement du corps.

Il est impossible, par exemple, de pleurer et de regarder en l'air simultanément. Une crise de larmes cesse immédiatement dès qu'on demande à une personne de lever les yeux.

Un jeune enfant en pleine crise de nerfs va se calmer aussitôt si on le fait mordre dans un crayon, car ce geste sollicite les muscles du sourire. De la même manière, le fait de sauter à la corde apporte rapidement un sentiment de joie. Le saut à la corde ou le trampoline pourraient devenir des prescriptions de l'état dépressif.

Prendre en compte cette action du corps apparaît désormais incontournable pour soutenir une transformation psychologique rapide mais aussi à long terme.

> *« Changer uniquement des attitudes mentales est sans effet durable si l'on ne change pas simultanément nos attitudes corporelles. »*

Pour vous sentir joyeux,
commencez par adopter une allure joyeuse.

Devenir conscient de cette influence directe du physique sur le mental incite à acquérir les gestes et la démarche que l'on associe naturellement à une personne heureuse.

- sourire beaucoup,
- veiller à avoir le buste droit et les épaules dégagées,
- parler avec assurance,
- faire des gestes amples,
- privilégier le mouvement.

« Adidas ou Prozac ? »

Dans son ouvrage *Guérir,* David Servan-Schreiber pose très judicieusement la question.

Pour combattre la dépression, le jogging semble être une réponse plus efficace que la prise d'antidépresseurs. L'introduction de l'exercice sportif permet de constater régulièrement une amélioration de l'humeur et de la sensation de confiance en soi.

L'auteur de *Guérir* parle d'extase du jogger. Voici ce qu'il écrit à ce sujet : *« La plupart des joggers expliquent qu'au bout de quinze à trente minutes d'effort soutenu ils entrent dans un état où les pensées sont justement, spontanément positives, mêmes créatives. Ils sont moins conscients d'eux-mêmes et se laissent guider par le rythme de l'effort qui les soutient et les entraîne. C'est ce qu'on appelle le* high, *l'extase du joggeur, et que seuls atteignent ceux qui persévèrent durant plusieurs semaines. Cet état, même s'il est subtil, devient souvent addictif. De nombreux joggeurs ne peuvent plus, au bout d'un certain temps, se passer de leurs vingt minutes de course, même une seule journée. »*

En fait, ce n'est pas l'apanage du jogging, c'est vrai pour toute pratique sportive. Toute interruption crée un sentiment de manque et toute continuation apporte un sentiment de plénitude. Il en va d'ailleurs de même pour la méditation.

Cette notion d'influence du corps et du mouvement sur le mental explique pourquoi la pratique exclusive de la « pensée positive » échoue dans certains cas pour changer un état intérieur.

Tant que le corps n'a pas intégré l'émotion correspondant à l'état désiré, il n'y a pas de réelle transformation à un niveau subtil. Il est aisé de voir si une personne est confiante ou non rien qu'en observant la position de son corps. Une personne qui vous assure que tout va bien mais qui parle bas et ne vous regarde pas, ne dit pas ce qu'elle pense.

Une nouvelle définition de vous-même doit s'exprimer à travers votre visage, votre maintien, vos gestes.

Votre voix se modifiera également. C'est un instrument de mesure formidable pour traduire le vécu d'une personne.

Il est complètement illusoire par exemple d'attendre une transformation positive de la personnalité en répétant : « Je suis heureux, bien dans ma peau. », si votre corps dit le contraire par une attitude avachie et une voix sans assurance.

Vous devenez l'acteur de votre changement en adoptant l'attitude de celui ou celle que vous aimeriez devenir.

Exercice

- Quels sont les comportements et expressions de la personne que vous aimeriez devenir ?

« *Une vie extraordinaire demande une psychologie positive renforcée par la dynamique corporelle.* »

Grâce au langage

Dans beaucoup de légendes, la parole est présentée comme chargée d'un véritable pouvoir symbolique à la manière du célèbre « Sésame, ouvre-toi ! ». Pour se diriger vers une vie plus épanouissante, il est nécessaire d'adopter un langage développant spontanément un état d'esprit positif.

« *Les gagnants et les perdants n'emploient pas les mêmes mots.* »

La personne qui se répète « je ne réussis jamais rien » crée les conditions de son échec. Chacun a intérêt à supprimer de son langage tous les « je ne peux pas ».

Les affirmations positives

Choisir des formules positives appropriées à notre situation est une manière simple et efficace de réorienter notre mental.

Une affirmation doit générer
un sentiment de joie et de confiance.

La répétition des affirmations va permettre d'imprégner le subconscient et de susciter un état tonique. Elles seront d'autant plus efficaces que le corps va les sentir justes et sera donc en cohérence. Véritables condensations de nos désirs, elles doivent être exprimées avec conviction et peuvent concerner pratiquement tous les domaines.

Les joies de l'amour sont pour moi.
Je suis plein d'énergie.
Je m'attire de plus en plus d'amis.

« Affirmer, c'est rendre ferme. »
Liah Kraft-Kristaine

Une affirmation efficace est généralement brève, toujours exprimée de façon positive ainsi qu'au présent. Pour une personne profondément déprimée, il est cependant souvent impossible de se prêter à ces autosuggestions sans qu'elle ait le sentiment de se mentir à elle-même. Proposer à cette personne de répéter « j'ai une vie de rêve » risque d'ajouter à sa confusion. Il faudra alors rechercher des phrases qui ne créent pas de conflit dans son esprit et qui ne contredisent pas la situation vécue.

Les portes s'ouvrent.
Des solutions inattendues se présentent maintenant.

En dehors du temps consacré chaque jour aux affirmations, il est nécessaire de surveiller nos paroles dans tous les aspects de notre vie. Dans l'approche de nos relations et de l'existence, rien n'est anodin dans le langage. Notre épanouissement se développe à l'unisson de notre capacité à communiquer de manière positive.

L'essentiel de nos affirmations inconscientes commence par « je suis » et demande à être considéré avec attention.

Tout ce à quoi vous dites « je suis… »
avec conviction, vous le devenez.

Exercice

Quels sont les « je suis… » de la personne que vous aimeriez devenir ?
- Sentimentalement.
- Physiquement.
- Professionnellement.
- Familialement.
- Financièrement.

Grâce à la concentration sur l'objectif

Un grand objectif de vie mérite toute notre attention. C'est en restant centré sur lui que l'on obtient une récompense. Ce travail intérieur demande de la constance. Une pluie fine quotidienne imprègne mieux la terre qu'un orage violent.

Se concentrer sur le succès mène au succès.

Pour qu'un objectif devienne véritablement une cible, il est très important d'avoir présent à l'esprit en quoi il va changer positivement nos vies.

Plus une perspective est motivante, plus nous sommes capables de faire appel à toutes nos ressources pour l'atteindre.

Il est beaucoup plus stimulant de penser « je vais épargner pour une maison de campagne où mes enfants seront heureux et où je recevrai plein d'amis » que « il faut que j'épargne ».

Plus vous associerez de bénéfices à la réalisation de votre objectif plus la motivation sera forte.

Les meilleurs vendeurs sont ceux qui savent mettre en avant les qualités de leurs produits. Le facteur déclenchant d'un achat est la plupart du temps émotionnel.

La focalisation sur un objectif demande de la constance, mais celle-ci doit s'exercer sans effort exagéré, ce qui traduirait alors de la crainte.

Grâce à des actions concrètes

> « *Une intention, si elle n'est pas suivie d'action, ne restera qu'une intention.* »

Il est essentiel de déterminer ce que vous êtes prêt à faire pour que les choses aient les meilleures chances d'évoluer dans le sens désiré.

Développer la confiance en soi permet de passer à l'action sans attendre inutilement et courir le risque évident de manquer des opportunités.

En restant fidèle à son désir

Sans une détermination totale à atteindre un objectif, il est facile de s'en éloigner et même d'y renoncer. Les raisons de l'abandon prématuré de nos aspirations peuvent être très diverses :

- avoir la croyance que l'on ne mérite pas d'atteindre notre objectif,
- savoir ce que l'on doit faire, mais se laisser aller au plaisir immédiat de ne rien faire,
- avoir une peur dissimulée derrière la réalisation de notre désir.

Patricia sabotait son désir d'abondance. De nature très travailleuse, ses affaires marchaient bien, mais elle ne connaissait pas la véritable liberté financière dont elle rêvait. Extérieurement, elle paraissait cependant s'être donné les moyens de s'enrichir. Elle se documentait énormément et se précipitait à toutes les conférences sur le développement du patrimoine. Cependant, elle hésitait toujours et elle justifiait sa difficulté à passer à l'action par divers arguments :

– la paresse à appliquer les stratégies enseignées,
– la difficulté à avoir de la méthode,
– la peur de faire des mauvais choix dans ses placements,
– la croyance qu'au bout du compte, sa situation finirait bien par s'arranger avec le temps.

En se concentrant sur toutes ces raisons pour ne pas avancer, elle ne trouvait jamais la motivation nécessaire pour agir efficacement. Patricia se condamnait ainsi à la stagnation, car elle était en fait dominée par ses peurs vis-à-vis de l'argent. Lorsqu'elle en prit conscience, Patricia réalisa que seul un travail pour se libérer de ses doutes intérieurs lui permettrait réellement d'aller de l'avant. Elle trouva, auprès d'un psychologue, les réponses qui allaient véritablement lever ses barrières. Celui-ci eut le talent de l'amener à découvrir le poids de son schéma familial où « l'argent dont on peut être fier, c'est celui gagné à la sueur de son front ».

Délivrée de cette contradiction inconsciente, qui l'empêchait de faire travailler l'argent, elle a pu envisager sans complexe de faire fructifier le résultat de son travail.

Ceux qui réussissent le plus facilement sont ceux qui sont capables d'adopter rapidement de nouveaux comportements.

Maîtriser ces différents processus demande une application disciplinée dans la période d'apprentissage. C'est à ce prix que ces attitudes de soutien vont devenir de véritables réflexes au service de l'accomplissement de nos désirs les plus profonds.

10
Se réaliser

La réussite matérielle, si grande soit-elle, est insuffisante pour apporter un véritable sentiment d'accomplissement.

NOTRE CAPACITÉ D'ACCÉDER à quelque chose de supérieur est, en effet, en relation directe avec notre détermination à cultiver l'amour dans tous les aspects de notre vie. Aussi longtemps que l'amour ne domine pas dans notre manière d'agir, il est difficile d'atteindre l'épanouissement.

« La voie du bonheur véritable passe par le chemin de l'amour. »

Il existe un principe d'action/réaction. En semant l'amour, nous créons automatiquement une ouverture pour l'enrichissement de nos vies.

L'amour apparaît comme la clé fondamentale pour accéder à un épanouissement authentique.

1re étape : L'amour de soi

Tout être humain a tendance à bâtir une estime de lui-même en fonction de l'image que les autres lui renvoient et en se comparant à eux.

« C'est l'acceptation de soi qui mène au succès. »
Deepak Chopra

La solidité émotionnelle repose entièrement sur la capacité à s'accepter.

Anne, jeune avocate, fait ses premiers pas à la barre. Elle se rend en province pour défendre un dossier délicat. Le président du tribunal paraît d'humeur massacrante et s'adresse à elle sans complaisance. Facilement intimidable, elle se perd dans ses notes et s'avère maladroite pour argumenter la défense de son client qu'elle a pourtant préparée avec sérieux. Anne est catastrophée après cet incident et se demande si elle est bien faite pour plaider. Pendant les jours qui suivent, elle ne cesse de se reprocher ce qu'elle considère comme un échec, bien que le jugement ne soit pas encore rendu. Ce n'est qu'une semaine plus tard qu'elle apprend ne pas être la première à avoir subi le caractère difficile de ce magistrat. Ce dernier est, en effet, connu pour manquer de patience avec les jeunes membres du barreau et particulièrement les femmes. Rassurée, Anne relativisera enfin l'incident et reprendra progressivement confiance en elle.

L'image, plutôt négative, qu'elle avait toujours eue d'elle-même, l'avait certainement rendue vulnérable et avait entraîné une perception exagérée de l'attitude du président du tribunal.

Relations amoureuses et estime de soi

Il est très difficile de véritablement se laisser aimer sans conscience positive de soi-même.

> *« Avant de pouvoir aimer quelqu'un, le plus important est d'être capable de s'aimer soi-même. »*

Le malentendu vient souvent du fait que l'on nous a fait croire qu'il était plus important d'aimer les autres en nous invitant à l'oubli de nous-même et à l'abnégation.

Pour parvenir à l'acceptation de soi, il faut oublier tout ce dont nous croyons manquer et ne pas chercher à être un autre. Il s'agit de s'aimer au-delà de son apparence, de s'aimer en tant qu'être humain. Une personne dénigrée d'une quelconque manière sera vite déstabilisée si elle souffre d'une mauvaise image d'elle-même.

Toutes les paroles menant un individu à douter de ses capacités s'érigent souvent en vérités et vont limiter ses expériences. Cela demande beaucoup de maturité psychologique pour les dépasser et construire une solide estime de soi.

L'amour de soi ne vient pas en claquant des doigts, c'est le résultat du travail de la relation avec soi-même.

Vivre dans l'amour de soi signifie être bien avec soi-même.

L'impuissance à s'aimer se révèle profondément autodestructrice et interdit toute possibilité d'une vie épanouie. Si l'on exclut tout ou partie de soi-même, en un mot, si l'on est complexé, il est difficile d'avoir une vie chaleureuse jusque dans l'intimité. Entretenir une image physique et émotive positive de soi-même donne une force considérable. Être indépendant du regard des autres nous apporte également l'audace souvent nécessaire pour vivre pleinement nos désirs. La reconnexion à soi s'accompagne toujours d'un accroissement de dynamisme.

“ Estime-toi, tu sauras te faire estimer. Aime-toi, tu sauras te faire aimer. ”

La découverte de l'importance du respect de soi-même incite immanquablement à rechercher une liberté face à nos conditionnements réducteurs (société, famille, religion…).

“ La première condition à l'amour de soi repose sur le fait de ne plus se comparer aux autres dans aucun domaine. ”

Il n'y a pas que l'aspect physique qui fasse que les êtres humains se rejettent ; parmi la multitude de raisons, il y a le niveau d'études, les origines… Une personne qui se juge, se prépare en même temps à recevoir une sanction. Elle entre dans une logique où elle considère alors normal d'avoir à souffrir.

> *« Guérir la relation avec soi-même implique de cesser de se juger et de réaliser que la voie du bonheur véritable passe par le chemin de l'amour. »*

Pour cela, franchir les étapes suivantes est souvent nécessaire :

Rompre avec le passé

L'esprit humain recrée très souvent le passé.

Beaucoup d'entre nous ravivent en permanence d'anciennes blessures concernant des humiliations, pertes financières, trahisons… Ils ne se rendent pas compte qu'en agissant ainsi ils nuisent à leurs désirs les plus profonds. Même si, parallèlement, ils dépensent beaucoup d'énergie pour se rapprocher de leurs aspirations, leurs efforts seront souvent stériles.

Les regrets les maintiennent dans leurs problèmes.

Jean et Carole vivent une situation conjugale conflictuelle. Lorsqu'on les interroge séparément, une chose est évidente, ils s'aiment, mais leurs disputes trop fréquentes empoisonnent l'atmosphère de leur foyer. S'ils sont toujours amoureux l'un de l'autre, ils persistent néanmoins à vouloir se venger l'un de l'autre pour des promesses non tenues. C'est seulement le jour où ils ont décidé une fois pour toutes de faire table rase du passé et de se pardonner qu'ils ont permis à leur mariage de reprendre un chemin harmonieux.

L'affirmation « Je pardonne à X… et X… me pardonne », recommandée dans ce genre de situation par Florence Scovel Schinn s'avère très précieuse si elle est exprimée avec sincérité. Ensuite, il faut oublier. Tant que l'on se souvient du mal que quelqu'un nous a fait, le pardon reste dans le mental. Ce n'est qu'une intention louable mais la blessure subsiste. Cette nouvelle approche pose les bases pour un nouveau départ dans des conditions souvent beaucoup plus épanouissantes que ne le laissait supposer l'ancienne relation.

D'une manière générale, lorsque deux êtres sont ensemble et ne font que régler des comptes, la question de poursuivre ou non l'union devrait impérativement se poser. Une vie de couple transformée en champ de bataille n'a aucun sens. S'ils souhaitent continuer leur chemin ensemble, ils doivent se décider à déposer les armes et à donner le meilleur d'eux-mêmes dans la relation. Dans les cas où ils ne se sentent pas capables de donner leur amour sans restriction, la question du maintien de la relation peut se poser.

Renoncer à la rancune

Les vexations, les déloyautés, laissent souvent des cicatrices que le temps à lui seul peine à effacer. En nous installant dans un sentiment de rancune, nous ne faisons cependant que perpétuer des liens peu harmonieux avec les personnes nous ayant fait souffrir. Longtemps, la capacité de pardon a été considérée comme ne pouvant venir que de Dieu ou de Ses représentants. Ensuite, on en a fait une vertu, ce qui a permis de croire qu'elle était réservée à des êtres d'exception.

Le pardon ne relève nullement d'une vertu.

Jeanne a été poignardée à 17 ans par l'ami de sa mère au cours d'une dispute. Après le procès, à la sortie du tribunal tout le monde est surpris lorsqu'elle dit « j'ai lâché, pour moi maintenant, c'est fini », alors que son agresseur venait de bénéficier d'une clémence inattendue. Bien qu'il eût manqué de la tuer, il fut condamné à seulement deux ans de prison. Comme il venait déjà d'effectuer cette peine en détention préventive, sa libération était imminente. Ce verdict paraissait invraisemblable étant donné la gravité des faits. Un des trois coups de couteau avait perforé un poumon de Jeanne et elle avait été sauvée, par miracle, au prix de grandes souffrances. Elle eut néanmoins l'intelligence instinctive de considérer l'affaire comme terminée aussitôt le jugement prononcé.

Quinze années plus tard, elle réalise que si elle avait réagi autrement, elle porterait encore la blessure de cette agression.

Le pardon représente l'acte d'intelligence du cœur le plus important que l'on puisse pratiquer pour nous-mêmes. Ce n'est pas un acte de sainteté.

Prendre la décision de couper les liens avec une personne qui nous a blessé constitue la meilleure stratégie psychologique et émotionnelle possible pour une expression de soi plus sereine et joyeuse. Par contre, refuser le pardon implique automatiquement de continuer à subir le poids du passé et nous place sous la contrainte d'un frein majeur à notre épanouissement. Nous conservons alors un lien permanent avec la cause de notre souffrance. Dans le pardon, il est possible de parler véritablement d'intelligence, car, en fait, le plus grand cadeau n'est pas fait à ceux qui nous ont blessés, mais à nous-même. C'est une voie essentielle de libération intérieure.

Pardonner, c'est se faire un cadeau à soi-même.
C'est un acte d'amour et d'intelligence.

Le pardon nécessite de comprendre que chacun
agit toujours en fonction de ses capacités,
avec son degré de maturité émotionnelle.

Hélène a dû attendre l'âge de 55 ans pour le réaliser. Elle avait trois ans lorsque sa mère est morte. Son éducation fut ensuite assurée par un père effacé et une belle-mère, Thérèse, dont elle affrontait les humiliations journalières. « Tous les jours, j'avais de plus en plus envie de la tuer », m'avoua-t-elle. Son enfance ne ressemblait pas à celles des autres petites filles de son âge et elle se sentait toujours seule. Jamais, elle n'eut un anniversaire fêté normalement. Son père lui offrait ses cadeaux en cachette. Non seulement elle haïssait sa belle-mère, mais en plus elle nourrissait une rancune secrète à l'égard de son père.

Lorsque ce dernier arriva à la fin de sa vie et qu'ils se virent pour la dernière fois, tous deux sachant son départ proche, Hélène lui déballa toute sa souffrance. « Pas une seconde de ma jeunesse, à cause de cette femme, je n'ai été heureuse. » Son père alors sincèrement bouleversé, lui répondit : « Ma petite, jamais je n'ai compris à quel point elle te rendait malheureuse et à quel point tu la détestais. Parfois, quand je te sentais triste, je supposais que tu pensais à ta mère. Je n'osais pas t'en parler pour ne pas montrer des larmes devant toi et augmenter ton chagrin. Si, un seul instant, j'avais soupçonné toute ta détresse et les vexations que tu subissais, jamais je ne l'aurais accepté car tu es ce que j'ai de plus précieux au monde. Je pensais aussi que si je te donnais trop d'attention devant Thérèse, elle serait jalouse et que tu pourrais en souffrir. »

Ce n'est qu'à 55 ans qu'Hélène comprit tout l'amour que son père éprouvait pour elle et qu'il n'avait, jusqu'alors, exprimé qu'avec maladresse. Si elle n'avait jamais eu cette conversation avec lui, elle vivrait certainement encore dans le ressentiment.

> “ *Combien de temps faut-il pour comprendre que chacun agit au mieux de ses possibilités ?* ”

La rancune est un véritable poids. Aussi, pardonner apporte toujours un sentiment de délivrance, de joie et de liberté et nous permet de dépasser ce que nous avons vécu. Cela fait partie des plus grandes et des plus précieuses victoires sur soi.

“ Moins nous sommes habités par la peur, la rancune, la jalousie et moins le passé s'attache à nous. ”

Renoncer au jugement

Lorsqu'une personne émet des jugements sous forme de critiques cela revient pratiquement toujours vers elle comme un boomerang. Se donner pour règle de refuser la critique et le colportage des ragots amène toujours des bénéfices dans l'existence. Cela n'implique nullement de réprimer ses sentiments quand nous sommes concernés personnellement, mais, simplement, de les exprimer sans attenter à la dignité de l'autre.

• Comment mieux communiquer en cas de désaccord ?

Il est important d'apprendre à faire part de ses sentiments avec authenticité, sans que la personne en face ne se sente jugée. Nous devons prendre pour cible les faits et gestes de l'autre, mais pas sa personnalité dans sa globalité. « Quand tu as agi de cette manière, je me suis senti(e) trahi(e) » et non : « Tu es un traître. » Vouloir que l'autre se sente coupable résout

---

N.B. : Lorsque pardonner paraît trop difficile devant une apparente injustice, il faut se remémorer que tout effet a une cause et donc que nos pensées ou nos actes ont participé à l'avènement du problème, même si nous ne sommes pas encore capables de tout comprendre. Admettre que l'on a toujours une part de responsabilité dans ce qui nous arrive conduit souvent à la « libération ».

rarement les problèmes et encourage l'attaque. En partageant sincèrement ce que vous ressentez, vous donnez la possibilité à la relation de gagner en profondeur. C'est alors que les évolutions positives ont une chance d'intervenir.

Face à une personne fermée et qui refuse de dialoguer, les méthodes de synchronisation sont souvent souveraines. Il suffit pour se mettre en phase d'adopter discrètement et respectueusement le même genre de position, de parler au même rythme, pour qu'un début d'harmonie s'installe.

Ce principe de renoncement à la critique doit, évidemment, s'appliquer aussi à soi-même.

Renoncer à la jalousie

La constatation qu'une autre personne ou un groupe de personnes réussit mieux que nous risque de nous amener à sombrer dans un esprit de rivalité, de jalousie.

Nous avons cependant une capacité de décision déterminante pour orienter notre vie dans le sens de nos aspirations, sans empiéter sur les droits et les libertés des autres. L'envie révèle donc l'ignorance ou l'oubli de cette faculté à favoriser une réalité plus satisfaisante.

Être envieux revient aussi à soutenir l'idée simpliste que si l'autre est plus riche ou plus heureux, cela nous enlève quelque chose.

La jalousie éloigne immanquablement un être humain de ses aspirations, car elle s'accompagne d'une idée d'infériorité, toujours dévastatrice, par rapport à lui-même.

L'idée de réussite est souvent reliée à la comparaison aux autres alors qu'elle devrait s'appuyer sur le sentiment de réalisation de soi.

Découvrir sa voie

Notre vie prend véritablement tout son sens lorsque nous découvrons notre voie.

Recherchez ce à quoi vous êtes destiné, ce qui vous convient le mieux et ce pourquoi vous serez capable d'entretenir de la passion. Dès l'instant où vous trouverez votre voie, vos énergies vitales circuleront plus librement. Plus un être humain se donne le droit d'exprimer son identité dans son authenticité et plus sa force intérieure se révèle. Choisir de développer son individualité implique généralement la victoire du courage sur la timidité et du goût du risque sur celui de la tranquillité.

L'éducation doit inciter les jeunes à se valoriser les uns les autres, mais aussi à être indépendants et conscients de leur propre valeur.

Dans notre société, il est convenu de considérer comme normal le comportement du plus grand nombre. Pour cette raison beaucoup d'individus adaptent leur personnalité, afin de se faire accepter. Les expressions « être dans le moule » ou « rentrer dans le rang » prennent tout leur sens. Développer l'estime personnelle relie au meilleur de soi et permet d'offrir au monde la plénitude de ses talents.

La majorité des hommes et des femmes possède des capacités uniques trop souvent sacrifiées par concession au conformisme.

Accéder à notre authenticité ouvre directement la voie pour exprimer le meilleur de nous-même et apprécier toute l'intensité de la vie. Une personne sans estime d'elle-même aura toutes les difficultés pour se donner le droit de reconnaître sa voie.

- **Combien de métiers sont-ils choisis par fidélité aux traditions ou aux aspirations familiales?**

La notion d'argent préside souvent à la décision et peut apporter la désillusion quand elle est le moteur essentiel de l'orientation vers une activité. Le choix doit se faire par amour avant tout, car l'argent seul n'est pas une motivation suffisante pour parvenir à une expression de soi réussie et épanouie. L'argent vient souvent ensuite couronner la réussite.

Une personne se méprenant sur sa voie aura régulièrement l'impression de passer à côté de quelque chose, d'accomplir un voyage qui ne la concerne pas. Renoncer au conformisme, sans être obnubilé par un modèle idéal de réussite financière ou d'apparence physique qui n'est souvent qu'un mythe, permet d'aller vers une plus grande créativité.

Tous ceux que nous admirons et considérons comme des génies ou des héros ont souvent quitté les rangs à un moment donné de leur vie.

La personne qui s'exprime pleinement, au risque parfois de passer pour égoïste ou rebelle, ne laisse pas la famille ou la société décider de ses choix. Capable d'être elle-même en renonçant à une image qui n'est pas conforme à ce qu'on attend d'elle, elle est celle qui sera le plus susceptible d'apporter à la société. En rompant avec toutes les idées qui nous limitent, en cessant d'attendre l'assentiment d'une personne ou d'un groupe pour agir selon nos aspirations, des énergies extraordinaires sont libérées. Une personne dotée de la liberté d'être elle-même, trouve la force nécessaire pour travailler à ses projets avec un engagement total.

À 24 ans, Gérald ne savait toujours pas vers quelle profession s'orienter. Très intelligent mais peu attiré par les études, il avait réussi malgré son faible enthousiasme à avancer dans son cursus de droit pour faire plaisir à ses parents. Il subissait aussi l'influence de son entourage qui, devant ses hésitations, l'encourageait à continuer sous prétexte que le droit international lui offrirait situation rentable et considération.

Depuis toujours, Gérald avait en tête d'avoir un grand restaurant. Déjà à 16 ans, en un tour de main et avec un brio extrême, il était capable de se lancer dans la préparation d'un repas digne des meilleurs chefs. Les réceptions étaient fréquentes chez ses parents. Même si sa mère le secondait, il s'occupait pratiquement de toute la préparation, suscitant à chaque fois une avalanche de compliments de la part des invités. Il possédait véritablement un don pour la cuisine et l'art de la réception. Il savait sans avoir jamais appris.

Gérald envisagea sérieusement par deux fois d'interrompre ses études pour la restauration bien que ne possédant aucune formation professionnelle. À chaque fois, il s'entendait répéter : « Finis ton droit, tu verras après. » Mais il devenait de plus en plus conscient du futur ennuyeux qui l'attendait derrière un bureau en comparaison de l'attraction que représentait, pour lui, le fait d'avoir son restaurant.

À ses propres interrogations s'ajoutaient les doutes de sa famille et de ses amis : « Comment vas-tu faire ? Un restaurant, cela ne s'ouvre pas tout seul. Il faut beaucoup investir et puis tu n'as jamais été dans une école pour cela. »

Jusqu'alors, Gérald ignorait cette notion d'amour de soi, indispensable pour s'autoriser au bonheur. Lorsqu'il découvrit sa signification véritable, bien éloignée de l'égoïsme, il comprit combien il était essentiel qu'il se donne le droit d'aller vers son désir pour se réaliser lui même. Avec une foi à soulever les montagnes, il réussit à convaincre son grand-père, qui avait toujours cru à ses capacités, de l'aider financièrement dans son projet. Il racheta, dans des conditions très avantageuses, un restaurant en liquidation judiciaire. Il changea la décoration et le style et sut d'emblée s'entourer d'un personnel compétent. Le succès couronna son audace à vivre sa passion.

Ceux-là même qui l'avaient découragé dans son entreprise trouvèrent alors normal qu'il ait réussi si facilement puisque c'était « sa voie ». Aujourd'hui, Gérald a la trentaine et son établissement, un des endroits préférés de la Côte d'Azur, a une belle clientèle. Son succès est remarquable en dépit de son jeune âge et il est déjà entré dans la cour des futurs grands noms de la restauration.

«Être courageux, c'est toujours faire ce que dit notre cœur. »
Ghislaine Saint Pierre Lanctôt

En comprenant l'importance d'être fidèle à lui-même, de respecter son désir profond et non la vision des autres (qui projetaient leurs propres peurs et désirs), il n'était plus sensible au discours conformiste. Il avait franchi un pas essentiel pour s'épanouir et réussir sa vie. « Ma joie de chaque jour, c'est de voir les gens vivre un moment de rêve dans mon restaurant. » Dans le droit international, il aurait sans doute obtenu le succès, au sens courant du terme, se contentant de réussir dans la vie et non de réussir sa vie.

En l'absence d'amour de soi, la plupart de nos décisions nous échappent.

Gérald aura eu la chance de le comprendre très jeune. Cela lui a permis de prendre des initiatives et de réussir.

“ *L'estime de soi est la clé de voûte d'une vie épanouie.* ”

Nous avons toujours des choix à faire dans la vie et les stratégies de facilité à court terme conduisent souvent à des difficultés ultérieures. À brève échéance, Gérald aurait pu trouver confortable de poursuivre son droit. Certain d'aller au bout de son cursus, il avait le soutien de son entourage, la perspective d'une carrière honorable. Pourquoi alors prendre le risque d'un échec ?

La satisfaction d'une vie accomplie n'est pas liée à l'absence d'effort mais au dépassement de soi.

L'enseignement d'Ernie J. Zelinski illustre cette observation et parle de « paradoxe de la vie facile ». Il va jusqu'à écrire : *« Empruntez la voie la plus facile et la plus sûre, la vie devient plus difficile. Empruntez une voie difficile et pleine d'embûches, la vie devient facile. »*

À la lumière de cet enseignement, on peut considérer que la voie facile suggère aujourd'hui aux jeunes de sortir en boîte, de fumer des joints, pour aller vers la voie difficile avec un échec scolaire et une difficulté à se faire une situation.

S'aimer et s'autoriser au bonheur ne sont pas synonymes d'une recherche de facilité à court terme.

Si Gérald ne s'était pas « aimé », il aurait certainement évité dans un premier temps les risques et les efforts. À long terme par contre, cela lui aurait sans doute coûté très cher d'avoir mené une carrière à l'encontre de sa personnalité.

« Quelles décisions pourriez-vous prendre pour être davantage dans l'amour de vous-même ? »

• Comment aider les enfants à être eux-mêmes ?
S'il est essentiel d'amener un enfant à comprendre le plus tôt possible que chaque être humain a droit au respect, il est aussi essentiel de le conduire à la conscience de l'amour de soi.

**Sachez apprendre à vos enfants
à s'aimer et ils trouveront facilement
leur place dans la société.**

Inévitablement, ils seront amenés à rencontrer des circonstances où ils auront besoin d'avoir foi en eux-mêmes. Dès que possible, l'enfant doit découvrir que ses erreurs sont une source d'apprentissage. Il pourra acquérir ainsi la capacité à se prendre en main et à résoudre seul les problèmes. Faites des choses avec votre enfant, sans les faire à sa place. Apprenez-lui à assumer les conséquences de ses choix, car, une fois adulte, il ne lui sera plus possible de se dérober. Le sens du goût de l'effort doit être présent dans l'éducation, ainsi il pourra découvrir la joie d'accomplir par lui-même.

Encouragez sans assister. Donner de l'aide trop rapidement empêche l'enfant de découvrir ses ressources personnelles. D'une manière générale, l'assistanat dépossède celui qui le reçoit de ses capacités créatrices et génère finalement un manque de confiance en soi. Aidez l'enfant avant tout à se révéler à lui-même en restant à l'écoute de ses désirs profonds.

Une éducation épanouissante demande l'acquisition des connaissances, mais doit également amener à découvrir les principes de la réalisation personnelle.

Rendre l'enfant autonome, lui apprendre à ne pas laisser l'opinion des autres contrôler sa vie ne signifie pas l'autoriser à faire n'importe quoi. Il n'y a pas d'amour sans discipline. Il importe de dire non sans hésitation dans les situations où le bon sens l'exige.

Encouragez les enfants à refuser les vérités toutes faites et vous en ferez des gens responsables. Est véritablement adulte celui qui pense par lui-même en gardant l'esprit ouvert.

Beaucoup d'enfants sans estime personnelle solide renoncent à être eux-mêmes pour se faire accepter. Ce sont les enfants les plus vulnérables aux mauvaises fréquentations. Incapables de dire non lorsque cela devient nécessaire, ils sont facilement manipulés.

Les enfants se développent à l'unisson de l'ambiance familiale. Vous êtes leur premier modèle. Si vous exprimez l'enthousiasme, la joie, la confiance en vous, votre personnalité apportera la meilleure démonstration. L'éducation passe par l'exemple. En parvenant à l'estime de vous-même, sans être obsédé par une perfection inaccessible, vous constituerez un formidable modèle. Le perfectionnisme, dans son exigence, amène inévitablement à se juger et entraîne fréquemment culpabilité et frustration.

Notre juge intérieur n'est pas tendre vis-à-vis de nous-même ; c'est notre premier ennemi. La ligne de conduite à se donner est de faire de son mieux pour viser l'excellence. Une fois ce sentiment atteint, il vient alors renforcer notre estime de nous-même.

Certains parents s'emploient à modeler leurs enfants pour vivre à travers eux leurs aspirations déçues dans le domaine des études, du sport, ou des arts. Ils veulent réaliser leurs rêves par procuration. C'est un profond et grave manque de respect pour l'individualité de l'enfant avec le risque également de provoquer des réactions extrêmes et de le pousser à faire systématiquement le contraire de ce que vous lui demanderez.

> “ *Un enfant n'appartient qu'à lui-même.* ”

Cécile incarnait la petite fille idéale, jolie, intelligente et douce. Ses parents, très fiers, caressaient les plus beaux rêves pour ses études. Bien sûr, pour eux, leur fille était beaucoup plus intelligente que tous les autres enfants de son âge. Elle n'avait pas besoin des mêmes jeux. Il fallait qu'elle sache tout avant les autres. Écrire, compter, parler une autre langue…

Quand l'institutrice proposa de faire sauter une classe à Cécile, son père et sa mère redoublèrent d'acharnement à en faire un chien savant, si bien qu'elle aborda le lycée avec deux ans d'avance. Cette fois, c'était sûr, elle se destinait aux plus grandes écoles et cela justifiait pour ses parents de faire l'impasse sur son enfance.

Cependant, cette belle mécanique se grippa. La petite fille douce devint rebelle et insolente puis, à quinze ans, ses résultats scolaires s'effondrèrent. Cécile arrivait à saturation devant toutes les attentes de ses parents. Elle termina dans un échec scolaire complet. Après un épisode dépressif, elle éprouva le désir de travailler dans un commerce de fleurs et reprit progressivement contact avec son identité.

> *« Si vous voulez en faire des individus aptes au bonheur, apprenez à vos enfants à faire de leur mieux dans la vie et non à rechercher la perfection. »*

Pour les aider à développer leur estime personnelle, il importe de souligner leurs qualités plutôt que de se focaliser sur leurs manques.

Certains parents sont coutumiers de la phrase suivante : « Ne fais pas cela, tu vas me faire de la peine. » Ces paroles sont souvent efficaces pour manipuler un enfant ; les adultes n'ont cependant pas besoin de leurs enfants pour se trouver des raisons de souffrir. Les enfants sont sensibles à la logique. Demandez-leur de réfléchir à la conséquence de leurs actes. Ils doivent comprendre également qu'ils ont le droit de se tromper et n'ont pas à se juger dans leur apprentissage. Cela leur permettra de devenir des individus capables de rebondir après un échec. La pire des choses qu'un parent puisse dire à son enfant est : « Tu me déçois. »

La dévalorisation est une pratique dangereuse en matière d'éducation.

On voit des enfants qui commencent une année scolaire avec un conditionnement du style suivant : « Dépêche-toi, tu vas arriver en retard à l'école, tu es incapable de te secouer. » De retour à la maison, le père poursuit : « Je te rappelle que ça ne m'intéresse pas de payer des études à un garçon paresseux. » La mère : « Même ton cousin, qui n'est pas bien malin, se débrouille mieux que toi ! »

Ce genre de scénario concerne trop d'enfants pour lesquels il sera difficile d'acquérir une grande confiance en eux. Les parents pensent alors, à tort, que le fait d'humilier un enfant va le stimuler et l'aider dans sa scolarité.

« L'estime de soi est une force supérieure
à tout certificat d'études supérieures. »
Maddly Bamy

Dans la construction de sa personnalité, un enfant peut supporter de la sévérité mais jamais d'être déprécié, car il peut croire qu'il est indigne d'amour. La peur et la culpabilité ne devraient jamais être utilisées comme moyen de contrôle.

La conséquence essentielle du manque d'estime de soi chez le jeune est une difficulté à vivre et à exprimer ses émotions.

La personnalité du jeune échappera alors à un développement harmonieux, et se morcellera sous les diverses influences. Puisqu'il n'a pas d'amour à se donner, il risque de combler ce manque en allant le chercher n'importe où. Pour « se trouver », un enfant a besoin d'un cadre. Sans les limites de celui-ci, il risque d'être tenté de tester jusqu'où il peut aller. Dans ce genre de situation, un enfant sans amour de lui-même risque fort de se diriger vers des expériences dangereuses.

Faites à votre enfant le cadeau de vous aimer vous-même. Il y parviendra ainsi lui-même d'autant plus facilement.

Les enfants sont sensibles à ce que vous êtes, pas à ce que vous dites. Donnez-leur l'exemple d'une personne qui assume ses défauts et qui s'efforce d'y remédier, sûre d'elle, toujours prête à découvrir un monde plein de potentialités.

Un enfant manquant de tendresse ou d'affection sera souvent persuadé qu'il est indigne d'amour. Avec un tel schéma, il a une grande prédisposition à s'attirer des expériences qui confirmeront sa croyance. Le besoin d'amour est tellement grand chez l'enfant qu'en l'absence de reconnaissance d'un comportement positif, il devient capable de passer du mauvais côté juste pour attirer l'attention.

L'éclatement de la famille est souvent présenté comme la cause majeure de la délinquance, car beaucoup de jeunes se retrouvent seuls et livrés à eux-mêmes.

Le monde moderne n'a pas plus inventé la délinquance que le manque d'amour. C'est la perte ou l'ignorance de repères qui a créé le chaos.

Lorsque dans la « bonne société », on livre son enfant dès sa naissance à une nourrice pour ensuite l'envoyer dans un pensionnat « afin qu'on l'éduque », cela cause autant de dommages que de le laisser traîner dans la rue, même s'il ne s'agit pas forcément des mêmes préjudices.

La solution pour guérir cette jeunesse malade du manque d'amour demande de trouver d'autres réponses que le durcissement des peines. C'est le défi d'une nouvelle justice: punir sans détruire les individus. Sinon, on continuera à assister à une escalade de la violence et de la récidive. Leur apprendre à créer plutôt qu'à détruire et leur donner la possibilité de contribuer à la société par des actions d'intérêt commun constitue sûrement l'une des meilleures voies d'évolution.

En matière d'éducation, il est utile aussi de se rappeler que suggérer est régulièrement plus efficace qu'ordonner.

2e étape: L'amour des autres

Tout être humain porte en lui la peur de manquer d'amour. Elle est plus ou moins présente, pourtant il est réellement possible d'influer sur notre capacité à mener une vie plus riche en amitié et en amour.

> « *Le bonheur vient d'un cœur qui s'ouvre, jamais d'un cœur qui se ferme.* »

Notre nature profonde est amour.
Nous avons besoin d'alimenter cette nature.

Une personne sûre de soi, confiante dans sa capacité à s'attirer les rencontres et les circonstances propices à son épanouissement, n'a que des raisons d'aller vers les autres.

L'amitié

Sarah prenait l'amitié pour une denrée limitée. Elle fréquentait Michèle de longue date. Toutes les deux partageaient beaucoup de choses et elles partaient toujours en vacances ensemble. Un jour, Sarah présenta son amie à une cousine, Annick. Immédiatement, un courant de sympathie s'installa entre Annick et Michèle. Au lieu de se réjouir de l'accueil réservé à sa cousine, Sarah en prit vite ombrage et s'imagina détrônée. Elle voulait donner une échelle de valeur à des choses qui ne se mesurent pas. L'amitié en fait partie.

Sarah devenait de plus en plus jalouse de cette nouvelle amitié. Michèle, sincèrement désolée de cette réaction, finit par s'en indisposer et délaissa réellement Sarah. C'était la conséquence logique de l'exigence de Sarah à imposer une amitié exclusive. En voulant séparer Michèle d'une nouvelle relation, c'est elle qui la perdait.

Si Sarah s'était réjouie de voir Michèle se faire une nouvelle amie, leur relation ne se serait certainement pas dégradée de cette manière.

Nous devrions toujours souhaiter aux autres ce que nous souhaitons pour nous-même. C'est une des meilleures façons de favoriser la réalisation de nos désirs.

Dans l'histoire de Sarah, il apparaît plus que probable qu'elle a adopté ce comportement incohérent par manque de confiance en elle-même. Elle s'était, sans nul doute, imaginé que Michèle trouvait Annick plus intéressante qu'elle.

Le défaut d'estime personnelle conduit toujours à appréhender une éventuelle comparaison.

Le couple

L'alchimie de l'amour restera toujours mystérieuse, mais il y a néanmoins des bases que l'on retrouve dans les relations heureuses.

Construire une relation joyeuse

• L'engagement

En dehors des amours éphémères, les relations pleinement satisfaisantes ne reposent jamais sur le besoin mais sur l'envie de faire quelque chose ensemble, de partager. Dépendre totalement d'une personne, que ce soit émotionnellement, matériellement, ou physiquement, conduit souvent à l'insécurité affective par peur de perdre cette personne. Dès que le besoin est prioritaire, les bases d'une relation à long terme sont minées.

Beaucoup d'unions, par exemple, trouvent leur source dans la recherche de sécurité financière. La personne « se case ». Le sexe comme l'argent peuvent représenter des moyens de contrôle, mais alors, les prémisses sont fausses. En effet, ni l'argent ni le sexe n'ont capacité à apporter le bonheur durablement en l'absence d'amour. Être avec quelqu'un pour l'argent s'apparente à la prostitution même si, dans notre société, cela prend une allure légale avec le mariage. Quant au sexe, il constitue une base insuffisante s'il est le seul élément de rencontre. Le désir fluctue dans bien des cas. L'amour passe naturellement par le contact de la chair, mais une relation authentique ne vit pas la sexualité comme unique besoin. Beaucoup d'histoires passionnées se terminent ainsi dans la plus grande froideur et la douleur.

La vraie passion possède une dimension sexuelle avec sa symphonie de plaisirs, mais elle est capable de la dépasser.

La sexualité rejoint son caractère sacré quand elle concrétise l'union de deux esprits autant que celle de deux corps.

L'amour véritable se vit avec le sexe, mais va au-delà et prolonge l'intimité par la complicité.

“ Le but de toute relation devrait être de conduire à un sentiment de réalisation de soi. ”

Il est capital, pour une relation riche, que chacun puisse être soi-même, respectant son individualité afin d'être « entier » avec l'autre. Un partenaire différent de nous nous permet d'évoluer plus en profondeur.

Quand, dès le départ, nous éprouvons le besoin de changer l'autre, nous faisons fausse route. Il est préférable d'y renoncer et d'accepter l'autre comme il est ou de rechercher la personne capable de nous apporter ce que nous attendons d'une relation. Quand un être prend conscience que son conjoint ne correspond pas à son idéal, il se fait illusion s'il compte sur le temps pour le faire évoluer dans le sens qu'il souhaite.

Le renoncement à soi interdit le bonheur réel dans une relation.

Vouloir une relation profonde avec l'autre, quand on est incapable de s'accepter soi-même est voué à l'échec.

> « *Notre partenaire nous renvoie notre estime de nous-mêmes.* »

La réussite d'un couple n'implique pas que l'un des deux partenaires devienne la réplique de l'autre. Le « nous » authentique suppose l'absence d'intention de changer ou de dominer l'autre. Chacun conserve ainsi une identité dans la différence.

Vouloir transformer un partenaire constitue la manière la plus sûre de compromettre une relation. En outre, cela ne fonctionne pas, car l'abandon de sa personnalité déclenche généralement une colère intérieure. Se dire « je serai heureux quand il ou elle se comportera ainsi » ou bien « je t'aime si » s'avère aussi vain que dangereux. De la même manière, penser « je serai heureux lorsque j'habiterai à tel endroit ou quand je serai à la retraite » est très illusoire. Si vous ne développez pas la faculté d'accepter l'instant présent, il n'y a aucune certitude de bonheur pour les jours à venir.

> « *Aimez votre partenaire pour ce qu'il est et non pour ce que vous voulez qu'il devienne.* »

Si vous n'êtes pas capable de le laisser libre d'être différent de vous, questionnez-vous sur le pourquoi de votre incapacité à donner à l'autre cette liberté. Idéalement, ce genre de raisonnement devrait se tenir avant de s'engager pour éviter les conséquences douloureuses d'une rupture.

Être un couple ne consiste pas à mettre l'autre dans un moule, mais à former une équipe pour célébrer la vie de la manière la plus agréable et la plus passionnante possible.

C'est essentiellement pour ne jamais être confronté à une remise en cause que l'on peut rechercher un partenaire qui serait l'ombre de notre ombre. Dans le cas où l'on parvient, effectivement, à obtenir une deuxième édition de soi-même, cela aboutit à l'ennui. On aime séduire ce que l'on n'est pas. Si l'autre est notre réplique exacte, quelle vie peut avoir la relation ? Le respect de la personnalité de l'autre est capital et une relation authentique autorise à repasser par moments du « nous » au « je » pour que chacun puisse se renouveler individuellement.

Le « nous » n'a pas pour vocation d'étouffer le « je ». Lorsque chacun des partenaires se développe la relation s'enrichit.

• La responsabilité

Nos expériences passées, notre manière d'être, de penser, ont des conséquences subtiles. Rien n'est dû au hasard.

Se donner pour objectif le réel épanouissement d'une relation ramène toujours à soi-même.

« Tout ce qui nous irrite chez les autres peut nous amener à nous comprendre nous-mêmes. »

Carl Jung

Notre partenaire devient alors le miroir dont nous avons besoin pour progresser et nous transformer.

Pour grandir dans une relation,
chacun devrait travailler à modifier
son attitude et non celle de son partenaire.

C'est en travaillant sur nos propres comportements que notre partenaire sera susceptible d'évoluer dans sa manière d'être vis-à-vis de nous.

La meilleure chose que nous pouvons partager
dans une relation c'est notre propre bonheur
en étant bien avec nous-même.

• **L'acceptation de soi**

> “ *Notre capacité à recevoir l'amour dépend totalement de notre estime personnelle.* ”

La notion d'acceptation de soi, par chacun des partenaires, est absolument essentielle pour qu'une relation soit équilibrée. Il est rare qu'un partenaire puisse nous donner, de manière durable, plus que nous ne sommes prêts à nous donner à nous-même. Il est difficile de recevoir l'amour si nous sommes obnubilés par nos prétendus défauts. Comment recevoir des autres ce que nous nous refusons à nous-même ?

Une personne qui ne s'accepte pas est moins attirante et suscite moins de respect.

Combien de personnes passent-elles ainsi à côté de leur vie et de leurs potentialités parce qu'elles ne se trouvent pas assez bien ?

Patricia a épousé un garçon pour lequel elle n'éprouvait ni attirance ni admiration. Elle se trouvait nulle et ne croyait pas mériter le grand amour. Elle ne comprend pas maintenant, qu'après 15 ans d'un mariage qui fonctionnait malgré tout, son mari soit parti avec une collègue de travail. Patricia avait du charme, mais elle était néanmoins pleine de doutes sur son physique et son intelligence. Elle se demandait depuis sa tendre enfance quel mari elle pourrait bien trouver.

Elle s'est tout de même mariée, mais son histoire est loin d'être romantique. « Mon mari est affreux, il est petit et moche. Je l'ai épousé par peur de rester seule et aussi par pitié pour lui. Je me disais qu'avec son physique, il ne trouverait personne et j'ai voulu faire une bonne action. »

Le manque d'acceptation d'elle-même sur le plan physique avait conduit Patricia à se persuader qu'elle était destinée à rencontrer un garçon peu séduisant. Dans leur couple, la communication était inexistante, en dehors de ce qui concernait leur fille, d'autant plus que son mari ne s'acceptait pas non plus. Ils se renvoyaient mutuellement leur difficulté à être eux-mêmes sans aucune justification, car, en réalité, leur physique ne méritait pas tant de remarques négatives. Lui n'aurait sans doute pas été choisi pour des rôles de jeune premier, mais on ne pouvait pas le qualifier de laid. De toute manière, chaque être humain est beau dès qu'il s'accepte et rayonne d'amour et de joie. Une telle base pour un mariage était peu garante de succès et un jour son mari, recherchant sans doute autre chose que de la pitié, l'a quittée pour une autre.

Une personne comme Patricia doit impérativement intégrer la notion d'amour de soi si elle ne veut pas se diriger à nouveau vers une expérience analogue.

> « *Quel que soit le domaine,*
> *si vous vous attendez à un rejet,*
> *vous connaîtrez un rejet.* »

Cette faculté à se déprécier se rencontre également chez des hommes et des femmes très favorisés par la nature. Beaucoup de personnes très belles ne s'acceptent pas, simplement parce qu'elles se trouvent en désaccord avec leur idéal de perfection.

Plus vous vous acceptez, plus vous irradiez la séduction et la confiance en vous. Si vous vous dévaluez, vous finirez systématiquement par perdre le respect de votre partenaire.

S'aimer signifie se considérer digne d'amour. C'est ce qui vous permettra de vous montrer tel que vous êtes et d'être aimé pour vous-même et non pour l'image que vous avez projetée.

> « *S'accepter dans sa globalité*
> *constitue la meilleure base pour s'ouvrir*
> *à une relation durable.* »

Pour aimer de manière « équilibrée », il est essentiel d'arriver à combler le manque d'amour de soi. Lorsqu'une personne porte un tel manque d'amour, le partenaire n'arrive jamais à suivre. Le rapport est faussé. Celui qui se mésestime va vivre une relation dénaturée basée sur un besoin que l'autre ne pourra pas satisfaire.

Le vide sentimental provoqué par les non-acceptations de soi ne sera pas comblé sans une prise de conscience du besoin de s'accepter dans tous ses aspects, y compris les négatifs.

Au tout début d'une relation amoureuse, on est souvent prêt à tout faire pour plaire à l'autre en ne montrant que le meilleur de soi. Combien de relations s'engagent-elles sans que l'on s'aperçoive que l'autre ne donne qu'une image partielle de lui-même qui ne correspond pas à toutes les facettes de sa personnalité ? Ou bien, si nous nous en rendons compte, nous espérons que notre amour le changera.

Florence voulait épouser un homme riche. Elle le racontait à toutes ses copines : « Il faudra qu'il ait de l'argent… » Cette jeune femme occupait un échelon élevé dans une société informatique. Adulée par ses parents et grands-parents, elle n'avait certainement pas souvent été contrariée dans son enfance. À son bureau, elle avait la réputation d'être une femme intransigeante malmenant l'équipe sous ses ordres.

Lorsqu'elle rencontra Freddy, elle décida qu'il était l'homme riche qu'il lui fallait. D'une beauté exceptionnelle, Florence arriva vite à ses fins pour le rendre amoureux. Il était fou d'elle et pensait qu'elle était la femme de sa vie. Freddy avait vaguement entendu dire que Florence était dure dans son travail, mais comme elle ne manquait pas d'arguments pour le maintenir sous son charme, il aurait eu mauvaise grâce à chercher des nuages dans un ciel bleu. Pour lui plaire, Florence était d'une douceur angélique. Aussi, n'écouta-t-il pas les mises en garde de son entourage lorsqu'il annonça son intention de l'épouser. Très souvent dans ce genre de situation, les personnes se ferment aux avertissements de leur famille, leurs amis…

La désillusion survient inévitablement quand on projette une image faussement séduisante sur un partenaire. Il aura fallu deux ans à Florence pour que réapparaisse son vrai visage et qu'elle ne sache plus passer une journée sans faire de caprices. C'est ainsi que Freddy a découvert subitement que Florence ne lui convenait plus du tout, car il avait projeté son idéal féminin sur elle sans la connaître vraiment.

Un des garants de la réussite d'un couple est d'avoir des projets communs. Ils s'accompagnent toujours d'un véritable partage et le bonheur naît de l'action commune qu'ils génèrent.

• La communication

Une véritable relation doit permettre d'être soi-même et de montrer sa force comme sa vulnérabilité.

Arriver à partager sans crainte tout ce que l'on ressent représente une base importante pour installer une relation épanouissante. Plus on développe cette volonté de s'exprimer et plus on est à l'aise pour demander ce dont on a besoin ou envie ainsi que pour dire non. La communication authentique, celle qui crée un lien, suppose d'être sincère. Ne jamais exprimer son désaccord n'est pas une solution. La négativité finit toujours par s'accumuler et par empoisonner la relation en nuisant à ce qu'elle a de positif.

Renoncer à formuler un ressenti crée de la distance entre les partenaires.

Nous devons nous exprimer, être capables de dire ce que nous avons à dire.

« **Ne jamais compter sur le temps pour arranger** *les problèmes de communication.* »

Ayez la volonté de faire vos demandes et encouragez votre partenaire à faire les siennes. Ce partage de vos réalités émotionnelles permettra à votre relation d'évoluer.

Être loyal signifie être vrai dans ses sentiments.

Sans forcément tout dire, cela permet d'exprimer ce que l'on ressent lorsque c'est important pour la relation.

L'une des erreurs les plus communes et souvent source de désillusions est de croire que l'autre devine toujours ce que nous voulons.

Pour contrer cela, il faut impérativement renoncer aux suppositions. Tant de malentendus s'installent parce que les bonnes questions n'ont pas été posées.

Les relations peuvent se détériorer aussi parce que nous ne comprenons pas que l'autre ne réagisse pas comme nous. Or, chacun réagit en fonction de son histoire personnelle. C'est une réalité que nous devons admettre et dépasser sans émotion particulière. De plus, il y a une notion dont il importe d'être bien conscient : les hommes et les femmes ont rarement les mêmes réactions dans des situations identiques. Chaque homme a une partie féminine en lui et chaque femme une partie masculine en elle. Néanmoins, leurs fonctionnements sont très différents et peuvent causer beaucoup d'incompréhensions.

En général, les femmes aiment parler alors que les hommes préfèrent agir. Ce constat explique une source fréquente de disputes : si un homme garde ses problèmes pour lui, les rumine, pour une femme, cela va être, le plus souvent, exactement le contraire. Aussi lorsque son compagnon se renferme sur lui pour essayer de trouver une solution, elle ne va pas comprendre pourquoi il la repousse ou la laisse seule. Tant qu'elle ignore qu'il s'agit uniquement de l'expression d'un fonctionnement masculin, elle risque d'interpréter une attitude qui, en fait, n'est pas dirigée contre elle. À l'inverse, si une femme a un problème, il faut habituellement qu'elle en parle, et qu'elle en parle encore. Dans un premier temps, elle attend seulement une seule chose, qu'on l'écoute. Une fois qu'elle aura exprimé ses sentiments, elle s'ouvre alors à la recherche d'une réponse à son problème. Si un homme arrive en imposant une solution, avec un « il faut faire ceci », il risque de ne pas être entendu.

Il est facile d'imaginer tous les drames créés uniquement parce que hommes et femmes n'abordent pas les problèmes de la même façon. Les ouvrages de John Gray ou d'Ellen Willer mettent particulièrement bien en évidence les approches psychologiques différentes des deux sexes et chacun pourra y trouver des pistes de réflexion très enrichissantes.

Comment exprimer un désaccord ?

Lorsque nous nous laissons aller au jeu destructeur des reproches, nous devrions exprimer seulement des sentiments.

Si vous avez une critique à faire, évitez systématiquement de l'adresser sous forme d'accusation.

La personne qui reçoit la remarque doit comprendre que c'est son comportement qui vous dérange et non elle. Elle ne doit pas supposer que votre sentiment pour elle est remis en question. En cas de difficulté dans un couple, il est capital, pour les deux personnes, de rester concentrées sur leur engagement et non sur le problème.

Le danger des plaintes

Apprenez à ne plus vous plaindre pour deux raisons :

- Les regrets ne nous rapprochent jamais de nos objectifs et détruisent notre énergie.
- Rejeter sur les autres la responsabilité de nos manques nous éloigne toujours de notre faculté à créer une réalité satisfaisante.

Y a-t-il une comptabilité de l'amour ?

Cette notion mise en évidence par John Gray dans ses études sur le couple doit être prise en compte. Cet auteur nous montre que chaque fois que notre partenaire nous porte une attention, tient parole ou nous montre son amour et sa tendresse, il va marquer des points. À l'inverse, les déceptions provoquées par l'absence d'égard, la froideur, le manquement à la parole, pénalisent. Ces comptes s'enregistrent de manière inconsciente. Ainsi, il suffira d'une peccadille pour déclencher des vagues disproportionnées lors du passage dans le rouge. C'est la goutte d'eau qui fait déborder le vase.

Il y a aussi des moments où des couples se retrouvent dans une situation de crise à force de négliger la relation.

Elizabeth et son mari étaient devenus des étrangers après dix années de vie commune. J'ai demandé à Elizabeth comment elle expliquait la dérive de son mariage. Apparemment, il n'y avait jamais eu de scènes mémorables ni de drames, mais seulement beaucoup d'ennui. Chacun vivait en silence sa difficulté et, du fait de l'absence de communication réelle entre eux, aucun n'avait osé aborder le sujet de leur échec conjugal. Ni l'un ni l'autre ne prenaient d'initiatives et ils avaient oublié de marquer des points, de rendre le jeu de l'amour vivant et renouvelé.

Un match où il ne se passe rien finit par ne plus intéresser personne. Cela arrive fréquemment dans un couple où les deux partenaires n'expriment pas leurs besoins. Si Elizabeth avait eu l'intime conviction de mériter le bonheur, elle ne se serait pas résignée à l'absence d'intimité dans leur couple. Aimer, c'est partager. Dans leur histoire, tous les deux s'étaient laissés aller progressivement à l'oubli de l'autre et au renoncement d'une vraie relation sans doute par peur de blesser l'autre en révélant son amertume.

J'ai suggéré à Elizabeth d'organiser un week-end dans un endroit agréable. Un peu de romantisme et de tendresse devaient faire le reste. Il était urgent que du mouvement apparaisse dans leurs vies. Une eau qui stagne croupit rapidement.

En observant l'histoire de ce couple, on peut constater que c'est l'absence de reconnaissance de l'autre et de ses désirs qui les a conduits à la platitude. Ils n'avaient jamais « mal agi » l'un envers l'autre, mais un geste positif non reconnu dans une relation devient aussi un problème et occasionne une perte de points dans la comptabilité de l'amour. C'est une source silencieuse et subtile de dégradation de la relation. De la même manière que le manque d'amour de soi amène à abandonner ses rêves, il conduit à accepter des relations insatisfaisantes. Un être qui s'aime et s'estime ne se résigne pas à l'absence d'intimité et de partage.

• **Le romantisme**

Rester amoureux au fil des années demande un renouvellement au quotidien de cette intention.

Dans une relation, nous avons à tout moment l'opportunité d'agir avec plus ou moins d'amour.

Ne nous privons pas de communiquer notre amour chaque fois que l'occasion nous en est donnée. Plus on laisse l'amour s'exprimer et plus il a de la force.

Le sexe est un ingrédient de l'amour.

Une relation de couple passe classiquement par le jeu de la séduction et de ses rituels intimes.

Le corps désire spontanément être embrassé, caressé. L'amour est notre nature et lorsqu'il y a moins d'envie, c'est souvent que le mental inhibe le corps par la crainte de ne pas être en phase avec l'autre. Les êtres restent sur la défensive, se privent de s'offrir à l'amour par cette confusion des réponses où le mental domine le corps. Il est difficile d'« être vraiment avec quelqu'un » tant qu'il persiste des choses que l'on n'a pas eu le courage de se dire. L'amour mérite mieux qu'une technique, il demande la totalité de notre être. Dès que les partenaires sont en parfaite confiance, le mental perd de son influence pour laisser place à la spontanéité et à l'innocence du partage et de l'abandon à l'autre.

Dans une discussion, quand vous ne parvenez pas à un accord, n'utilisez jamais les menaces. Sachez également écouter réellement le discours de l'autre sans le déformer. Préparer une riposte avant de recevoir la totalité du message empêche l'écoute. Le fait d'être entendu suffit souvent à calmer le jeu.

La cause véritable d'une émotion

Il est important de se rappeler que, chaque fois que l'on vit une difficulté relationnelle, l'émotion qui y est associée renvoie à notre histoire personnelle. L'incident déclencheur du différend réactive une douleur passée qui n'a jamais véritablement cicatrisé. Être conscient d'un tel processus aide à prendre du recul dans une situation conflictuelle et à contrôler une émotion lorsque celle-ci vous submerge.

L'objectif premier est de guérir de son passé par l'introspection personnelle et non de régler des comptes avec un être que l'on aime. En s'appliquant à dépasser l'émotion suscitée par une situation, il est possible d'améliorer considérablement les relations.

• La vision de l'amour

Sur quoi êtes-vous concentrés dans votre vie sentimentale : le conflit ou l'union, la routine ou la passion ?

Ce qui apparaît dans votre vie de couple existait déjà dans votre esprit. Surveillez vos monologues intérieurs et imaginez régulièrement que vous avez déjà atteint votre idéal d'union amoureuse.

L'amour aime la diversité, la richesse de l'imagination est là pour la satisfaire.

Installez-vous confortablement, fermez les yeux et visualisez votre relation telle que vous la souhaitez. Agissez en metteur en scène de vos désirs. Votre subconscient va s'imprégner de ces images. C'est le procédé le plus puissant pour rejoindre votre idéal.

La vie de couple peut avoir une multitude de facettes. À chacun de rechercher les plus heureuses. Les images visualisées travailleront à l'attraction des éléments nécessaires à leur concrétisation. Un désir porte en lui le germe de sa réalisation. Quel sentiment ressentez-vous alors ? Appropriez-vous le comme si vous aviez déjà la réalité souhaitée. La plus belle réussite d'un couple, c'est celle où chacun des partenaires a le sentiment d'évoluer.

Voyez-vous heureux ensemble.

3e étape : L'amour de la vie

C'est notre approche de la vie qui détermine notre réalité. Notre vie est le miroir de notre interprétation.

Céline envisageait l'existence comme un combat pour la survie. Sa mère meurt à sa naissance. Après une enfance et une jeunesse auprès de ses grands-parents, elle décide de devenir infirmière. Pour elle, vivre, c'est se battre. Même dans son métier la notion de combat est permanente puisqu'elle choisit de travailler dans un service de réanimation.

Comment aimer la vie lorsqu'on se sent coupable ?

À la quarantaine, après un divorce et divers échecs sentimentaux, le bonheur lui semble toujours inaccessible. Percevant intuitivement la nécessité de faire un travail sur elle-même, elle décide d'aller voir un psychiatre qui se suicide un an plus tard. Lorsqu'elle apprend sa fin tragique, elle se considère responsable à un niveau quelconque de la décision du praticien et plonge alors dans la dépression. Céline n'était pourtant pas la seule patiente de ce psychiatre et elle ne le rencontrait pas dans un autre contexte que professionnel.

Quand je lui fis part de mon étonnement devant cette culpabilité, elle répondit ceci : « J'ai bien tué ma mère en venant au monde ! De toute façon ma vie est marquée par la mort, je suis même née le jour de la fête des morts. » Elle ajouta aussi cette phrase qui résumait sa sentence intérieure : « Je n'ai pas le droit d'être heureuse. » Comment, avec une telle croyance, Céline aurait-elle pu aimer la vie et trouver le bonheur, elle qui s'était toujours sentie coupable, sans aucun fondement, depuis son enfance?

Si vous regardez autour de vous, vous constaterez que les gens heureux aiment la vie et l'abordent avec une spontanéité intacte. Ils appartiennent à cette catégorie de personnes sachant conserver au plus profond d'eux la vision d'un futur joyeux. Il est essentiel de garder un regard ouvert sur le beau en nous rappelant que la vie devient passionnante lorsque nous reconnaissons que nous sommes mentalement créateurs.

L'être humain a le besoin fondamental de grandir, d'évoluer.

De nombreuses personnes associent le bonheur à l'absence de surprise, à une vie bien réglée. Il manque à ce concept l'émotion de la créativité et de la satisfaction à se diriger vers tout ce qui nous enthousiasme. La joie n'est pas compatible longtemps avec l'immobilisme, car nous avons au plus profond de nous le puissant besoin d'évoluer. En voulant rendre les choses statiques, nous nous dirigeons souvent vers une vie beaucoup plus insatisfaisante qu'en nous exposant à des changements qui obligent à dépasser la peur de l'inconnu.

Nous restons jeunes et amoureux de la vie tant que nous sommes réceptifs à ce qui est beau et grand et que nous demeurons en relation avec nos désirs.

La capacité à s'émerveiller caractérise l'esprit de jeunesse et de spontanéité, indissociable de l'amour de la vie. La beauté et l'abondance sont omniprésentes dans le monde occidental, mais une grande majorité d'entre nous ne les voient pas, prisonniers de leurs déceptions et de leurs limitations.

Pour cultiver l'amour de la vie, apprenons à être heureux de ce que nous avons déjà et à aborder tout ce qui est nouveau comme une source de potentialités.

Pour accompagner plus facilement les mouvances de la vie n'essayons pas de résister au changement. Cette attitude génère toujours de la difficulté.

« Voir le changement comme une opportunité. »

Stéphanie serait-elle parvenue au bonheur sans dépasser la peur de l'inconnu ? Mariée depuis vingt ans, son union alterne, depuis plusieurs années, entre les disputes et les réconciliations mais les périodes d'harmonie sont de plus en plus rares. Elle aime néanmoins son mari et s'accroche à cette relation pour les quelques instants où elle a l'impression que la passion peut reprendre ses droits. Il lui arrive de menacer de divorcer en sachant au fond d'elle-même qu'elle est incapable de prendre la décision de briser une union de vingt ans avec celui qui est aussi le père de son fils. Son mari, Jacques, s'accommode par contre très bien d'une situation dans laquelle il trouve son compte. Dans leur affaire commerciale, il laisse sa femme s'occuper pratiquement de tout (commandes, comptabilité, gestion du personnel…). Il déserte souvent la maison et, quand il est là, n'a que peu d'attention pour elle.

Stéphanie réalise l'impasse de son mariage, mais vit cependant dans l'hésitation permanente. À longueur de journée, elle se demande : « Serais-je plus heureuse si je parviens à quitter Jacques ? » Quand elle arrive à prendre sa décision la peur du chamboulement de toute sa vie reprend intérieurement le dessus et la ramène dans son incapacité à agir. Un jour cependant, n'en pouvant plus du comportement sans respect et sans attention de Jacques, elle réussira finalement à aller voir un avocat, bien que la peur de l'inconnu continue à l'effrayer.

Peu après son divorce, elle rencontre un homme avec lequel elle comprend vite qu'elle se fourvoie. Les aventures ne l'intéressent pas. Pendant un an, elle reste seule et connaît des grands moments de doute : « J'aurais peut-être mieux fait de serrer les dents et de rester avec Jacques », se dit-elle alors. Puis toute sa vie va s'éclaircir subitement. Elle rencontre un homme divorcé, brillant et fortuné, passionné comme elle d'art et de voyage. « C'est comme si je n'avais rien attendu d'autre et lui non plus. » En quelques jours à peine ils sont ensemble et deviennent inséparables. Ils forment désormais un couple heureux. « Quand je repense à tout le temps où j'ai été malheureuse avec un mari qui me négligeait ! Maintenant, c'est une règle dans ma vie, je considère tout changement comme une opportunité. »

Fuir les « Cassandre »

Marie avait une collègue qui lui parlait en permanence d'une cartomancienne officiant dans un département voisin. Malgré une sérieuse hésitation, elle se laisse convaincre et fait partie du « charter » qui est organisé à son bureau pour aller voir cette fameuse tireuse de cartes. Marie va revenir effondrée de cette expédition car la prédiction de cette femme lui annonce : « Votre mari va vous quitter. » À ce moment-là, elle qui a tant d'amour pour Gilles va vivre dans une inquiétude folle. Elle détaille tous les faits et gestes de son mari, perd le sommeil… à tel point que Gilles lui reproche alors son comportement incohérent. Cette dispute renforce le désarroi de Marie, qui se persuade que la cartomancienne lui a dit vrai.

Par chance, elle rencontre une amie qui lui raconte : « Moi aussi, j'ai interrogé une voyante cela fait maintenant une vingtaine d'années et elle m'avait prédit la disparition très proche de mes parents dans un accident. Mon père est mort au moins dix ans après et ma mère, grâce au ciel, va toujours très bien. »

« Cela avait commencé à me rassurer, dit Marie, mais je n'arrivais cependant pas à oublier ce que m'avait raconté cette femme. J'y suis heureusement parvenue le jour où j'ai entendu un psychologue expliquer le fonctionnement des prophéties négatives, véritables flèches lancées dans l'inconscient. Ce psychologue disait à peu près ceci : “Une prédiction négative fonctionne comme un nocebo (c'est-à-dire le contraire d'un placebo). Une personne se persuade qu'un événement négatif va lui arriver alors qu'il n'y a, en réalité, aucun support concret. Dans certains cas, des sujets se précipitent eux-mêmes dans la situation négative pour mettre fin à leur peur. La seule façon qu'ils trouvent de ne plus avoir peur, c'est que cela leur arrive. À l'inverse bien sûr, une prophétie positive peut avoir un effet très stimulant, mais, de toute manière, si un événement heureux doit survenir, ne vaut-il pas mieux que ce soit une surprise agréable ? En conclusion, il recommandait donc la plus grande prudence dans ce genre de pratique bien maîtrisée par seulement un petit nombre et prônait plutôt de s'appliquer à développer une psychologie positive chaque jour." Cette explication m'a apporté une délivrance totale me rappelant que dans la Grèce Antique, les porteurs de mauvais oracles pouvaient se faire couper la tête. J'ai retrouvé aussitôt ma joie de vivre et le caractère harmonieux de mon mariage. »

Joie de vivre et argent

Alors qu'elle était mariée à l'homme le plus riche du monde, un journaliste demanda à Jackie Onassis : « Qu'est-ce que le luxe pour vous ? ». Elle répondit : « C'est d'aller où je veux quand je veux. » Bien évidemment, dans ce sens, l'argent représente un formidable instrument de liberté, générateur de plaisir et d'un certain art de vivre. Cependant, il devient parfois source d'emprisonnement.

Comment Martine et Paul pouvaient-ils perdre leurs chaînes ? Paul a fondé un très important cabinet d'assurances et Martine possède un superbe salon de thé qui ne désemplit pas. Ils ont réussi matériellement, mais leur vie conjugale est moins brillante. Ils ne se supportent pratiquement plus, même s'ils arrivent à faire bonne figure lorsque leurs deux enfants sont là.

Un seul sujet arrive à les réunir : l'argent. En principe, le mariage devrait être consacré à l'amour et au partage, chez eux, il devenait un holding financier.

Ils auraient certainement pu inspirer la chanson de Jacques Brel Les bourgeois où l'on entend avec l'humour parfois féroce de son auteur « Chez ces gens-là, on ne pense pas… on compte. » Chez eux, non seulement « on ne pense pas… on compte », mais on ne fait pas l'amour non plus, ce qui ennuie bien Paul. Celui-ci avoue, confidentiellement, rêver de rencontrer une jeune femme.

Il arrive à Martine de connaître des épisodes dépressifs, ce qui permet à Paul de raconter à qui veut l'entendre que sa femme est une « malade de la tête ».

Il n'était pas question, pour autant, de divorce. Martine avait décidé de tenir bon, car elle était très attachée à ce succès matériel et un divorce aurait trop entretenu les conversations des dîners en ville. Quant à Paul, toujours calculateur, il connaissait la valeur considérable du salon de thé et ne voulait à aucun prix passer à côté du pactole le jour où il serait mis en vente. Il s'exprimait ainsi : « Vu tout ce que j'ai supporté avec elle, je veux que cela me rapporte maintenant ! »

Pour l'un comme l'autre le divorce « coûterait trop cher » et il leur en fallait toujours plus pour se sentir en sécurité. Il était fondamental pour eux de réagir rapidement, car la vie de couple n'est pas faite pour se déchirer.

Pour retrouver l'enthousiasme, Paul et Martine avaient le choix entre deux options :

- dépasser leurs préjugés et aborder de manière constructive la question de leur difficulté conjugale en prenant pour objectif leur bonheur commun. Cela passait par la reconnaissance de leurs erreurs réciproques sans qu'ils s'y accrochent, afin de reconstruire une relation dont l'argent ne constituerait plus le seul pilier. Nos désirs d'argent ne valent que s'ils apportent plus de bonheur dans nos vies.
- accepter la perte financière inhérente à une séparation. Cela passait par la compréhension que dans leur histoire l'argent s'était transformé en chaînes.

Il n'est jamais facile de défaire une union de vingt-cinq ans, aussi ils choisirent de s'engager sur la voie de la reconstruction de leur couple.

Prendre conscience de la nécessité d'établir un rapport moins obsessionnel et plus joyeux avec l'argent les aida considérablement. Ils étaient bien décidés, tous les deux, à s'offrir le meilleur de la vie : « Maintenant l'argent sera à notre service et non l'inverse ! ». Dans le même temps, Martine s'employa à rajeunir sérieusement son style et à se faire plus tendre… pour la plus grande joie de Paul.

Jean-Jacques a réussi à dépasser le refus d'une perte : « Le jour où j'ai décidé de me séparer de mon associé, raconte Jean-Jacques, je savais que j'allais devoir lui faire pratiquement cadeau d'une affaire à laquelle je tenais énormément. Cela a d'ailleurs longtemps freiné ma décision jusqu'à ce que je prenne le parti de l'accepter. Je me disais qu'il y avait un prix à payer pour tout dans la vie, il y en avait donc un pour ma liberté. Je n'ai pas encore totalement retrouvé le volume d'affaires que j'avais, mais au moins, je me sens libre et cela n'a pas de prix. »

Joie de vivre et énergie

On observe généralement un parallèle entre le développement de l'estime de soi et le désir de garder ou d'acquérir un corps plus en forme. Dans nombre de cas la réconciliation avec soi-même constitue une étape décisive pour cesser de se punir par le corps (anorexie, boulimie, épuisement sportif…).

Chaque fois qu'un être humain passe du dénigrement au respect de soi, son regard sur son corps change. Cela l'incite à raisonner à long terme et à mettre en place un style de vie propice à une meilleure forme physique pour rester dynamique et avoir de l'allant.

Plus une personne développe le respect d'elle-même et de son corps moins elle sera attirée par les comportements compensatoires comme l'alcool, la drogue, la surconsommation médicamenteuse… Elle acceptera au contraire avec détermination et bonne volonté les efforts nécessaires pour améliorer sa vitalité ou transformer son corps.

Une personne dans l'amour d'elle-même refuse toujours le laisser-aller physique auquel risquent facilement de succomber les êtres qui se déprécient.

S'autoriser à une santé optimale

Personne ne peut se payer le luxe de négliger de prendre soin de son corps. Chacun devrait plutôt rechercher le style de vie qui est le plus approprié pour lui apporter plaisir et énergie.

Pour beaucoup, accroître la vitalité demande une alimentation plus saine, mais aussi souvent la réintroduction de l'exercice physique.

Conserver un corps jeune le plus longtemps possible apparaît aussi lié à la capacité de maintenir un état d'esprit harmonieux.

« Plus un individu se libère du poids des regrets et des ressentiments, plus il favorise ses objectifs de santé. »

La médecine psychosomatique démontre, un peu plus chaque jour, que la santé est aussi liée aux émotions. La maladie apparaît comme le langage d'un manque d'amour.

Comment un nouveau regard sur sa relation avec sa mère redonne de l'énergie à Diana ? À l'âge de trente ans, Diana est victime d'un accident de ski. De mauvaises fractures lui valent un séjour de près d'un an dans un centre de rééducation. Un jour, à sa grande stupéfaction, un médecin de l'établissement lui pose la question suivante : « Avez-vous compris pourquoi vous avez eu cet accident ? » Le médecin, voyant qu'elle ne saisissait pas le sens de son interrogation, ajouta : « Prenez votre temps pour réfléchir, mais vous verrez, vous n'avez pas vécu cette épreuve par hasard. »

Il lui fallut un mois pour faire le lien entre son accident et sa vie personnelle. « Pour moi cet accident ne pouvait qu'être le fait du hasard, mais cette remarque m'a quand même interpellée, car j'avais une grande confiance en ce médecin. En pensant à la maladie de ma mère, j'ai eu comme une révélation. Maintenant, c'était mon tour d'être immobilisée comme elle et je prenais conscience de toute sa souffrance. »

Sa mère était handicapée depuis longtemps par une sclérose en plaques. De son enfance, Diana gardait le souvenir de sa mère parvenant à peine à se déplacer et passant ses journées dans un fauteuil du salon. Elle endurait en silence le spectacle de sa mère ainsi handicapée et tout ce que cette situation lui interdisait de connaître.

À la sortie de l'école, elle enviait les autres enfants d'êtres attendus par leurs mères. Le moment des vacances ne la réjouissait jamais, car elle savait qu'elle ne partirait pas. Diana entretenait, au plus profond d'elle-même, une grande amertume envers sa vie, si différente de celle des autres enfants. Malgré son affection pour sa mère, elle lui en voulait par moments, d'autant plus que celle-ci devenait, au fil du temps, de plus en plus exigeante.

« Il m'arrivait parfois de lui parler mal, je le regrette profondément aujourd'hui. Je réalise combien elle aussi aurait désiré avoir le comportement des autres mamans, se promener, faire les magasins avec moi. Je jugeais ma mère, sans comprendre qu'elle aussi souffrait beaucoup, et cette rancune secrète me rongeait intérieurement. Dès l'instant où j'ai retrouvé un amour intact et très fort pour ma mère, je me suis sentie comme libérée. Cette réconciliation, même si ma mère a quitté ce monde, m'a considérablement aidée pour continuer ma difficile rééducation avec détermination et retrouver un moral d'acier. Maintenant, même si je suis heureusement totalement rétablie, je pense souvent à elle et je me sens de plus en plus proche d'elle. Je suis vraiment reconnaissante à ce médecin de m'avoir offert l'opportunité de découvrir que le pardon est une force de guérison, mais à présent je m'en veux d'avoir manqué de patience envers elle. »

L'histoire de Diana est un bel exemple de la capacité du pardon à transformer nos vies également sur le plan de la santé.

Elle devait cependant franchir une autre étape, tout aussi importante, celle de l'abandon de sa culpabilité et comprendre la notion capitale du pardon à soi-même. Si à la lumière de la compréhension, le caractère difficile de sa mère devait être compris et pardonné, Diana dans sa souffrance de petite fille méritait le même regard indulgent.

Pourquoi Roger s'est-il imposé la douleur physique? Il raconte pourtant : « Je connais un excellent chiropracteur. Je vais en principe le voir deux fois par an et je suis tranquille. » Cependant, cela fait près de trois ans maintenant qu'il est resté sans consulter, malgré des douleurs répétées depuis quelques mois. Il annonce qu'il va se décider à aller le rencontrer, car il vit, une nouvelle fois, un épisode très pénible.

On peut aisément supposer que si Roger s'était donné de l'attention, il n'aurait certainement pas attendu un tel laps de temps pour tenter de mettre un terme à ses souffrances.

Roger considérait, par ailleurs, que la douleur était le lot normal de l'existence. Cette croyance avait largement participé à son attitude illogique pour résoudre son problème de dos.

Que peut faire Nathalie de ses quelques kilos en trop? Cela lui va très bien, mais elle en fait un véritable complexe. Elle refuse de se mettre en maillot de bain. Même devant son mari, elle s'arrange pour ne pas se promener nue.

« Cela fait des années que je me bagarre avec ma taille, je parviens à faire des régimes efficaces puis je craque aussitôt après et me retrouve à chaque fois un peu plus grosse. Je suis désespérée. C'est normal que je sois ainsi. Mon père ne m'a jamais aimée, je n'y arriverai pas moi non plus. Mon père avait toujours tendance à se moquer de mes rondeurs et reprochait à ma mère de ne pas m'imposer un régime. »

Même si son père ne l'a pas aimée comme elle l'aurait voulu, celui-ci souhaitait certainement que sa fille soit heureuse et pensait lui rendre service en l'encourageant à faire attention à sa silhouette. Nathalie supposait que son père aurait été fier d'avoir une fille longiligne. Mais rien ne permettait raisonnablement de croire à ce scénario. Avec une taille de guêpe, leurs relations n'auraient pas forcément été meilleures. Un autre trait de son caractère ou de son physique aurait sans doute attiré les réflexions paternelles. La critique était, très probablement, pour lui, une méthode d'éducation ou de communication.

Les parents ne manifestent pas d'amour non pas parce que leurs enfants sont tels qu'ils sont, mais souvent parce qu'ils sont eux-mêmes en proie à un trop grand malaise intérieur.

Aujourd'hui, Nathalie, bien que très séduisante, persiste à croire qu'elle n'est pas assez désirable. Le regard des autres ne suffit pas à redonner confiance à une personne qui se mésestime. Pour accepter son corps, Nathalie avait deux voies possibles :

– décider de faire la paix avec les kilos qu'elle estimait avoir en trop, en cessant de se comparer aux autres et de croire qu'elle les portait mal. Plus vite elle arrêterait de se juger, plus vite elle se sentirait légère et bien dans sa peau.
– décider d'entamer une nouvelle fois un régime en veillant à en garder le bénéfice. Une personne qui s'apprécie trouve plus facilement les ressources pour accepter les contraintes d'un régime sportif ou alimentaire.

Tous ces témoignages nous rappellent que, chaque jour, nous pouvons nous transformer pour acquérir une nouvelle façon de penser et d'agir.

11
De la pensée à l'action : adopter de nouveaux comportements

COMMENT VALÉRIE est-elle allée à la rencontre de ses désirs ? Quand elle comprend l'importance de rester fidèle à ses aspirations, elle mesure, avec le recul, toutes les conséquences de son attitude de dévalorisation tant sentimentalement que professionnellement.

Elle raconte : « Pendant toute mon enfance, on m'a appris à me tenir en retrait, me rappelant à chaque fois mes faiblesses. Au lycée lorsque j'ai annoncé à mes parents que j'aimerais devenir journaliste, ils ont aussitôt décrété que cela n'était pas pour moi et qu'être institutrice m'irait très bien, à condition que j'y parvienne. Même si j'aime mon métier d'enseignante, cette carrière ne me satisfait pas complètement.

Sentimentalement aussi j'ai subi les conséquences de cette mauvaise image de moi. Alors que j'aimais profondément un garçon, j'ai choisi de rompre parce que je ne me trouvais pas assez bien pour lui. Il était séduisant, merveilleusement attentionné et il avait une brillante situation en perspective, mais la peur de ne pas être à la hauteur me submergeait.

Plus tard, avec mon mari, j'ai supporté trop longtemps des humiliations dans ma vie intime, encore par dépréciation de moi-même bien que je n'en avais aucune conscience. J'ai attendu quinze ans pour partir alors que j'aurais dû le faire depuis des années, car il était évident, qu'avec lui, je souffrirais toujours.

Dans mon travail, je ne comprenais également pas pourquoi je me retrouvais régulièrement à faire ce que les autres ne voulaient pas. »

Valérie découvre maintenant que toute sa vie peut se transformer si elle développe une autre attitude. Elle décide désormais de s'autoriser au meilleur et de rattraper le temps perdu de la manière suivante :

• ***Au niveau relationnel***
Elle va marquer son territoire, car elle comprend que sa timidité est régulièrement exploitée. Une mise au point est donc nécessaire avec ses collègues. Elle va demander un tour de garde pour que ce ne soit pas toujours elle qui reste la dernière pour fermer l'école sous prétexte qu'elle vit seule.

• ***Au niveau affectif***
La nécessité de relever ses standards lui apparaît évidente. Elle accepte enfin l'idée qu'elle mérite d'être aimée et de connaître une relation durable et harmonieuse avec un homme.

Valérie est parvenue ainsi à diriger sa vie dans une direction beaucoup plus joyeuse à la suite de ses nouvelles décisions. Pour d'autres, cela suppose parfois une remise en question plus profonde (changement professionnel, rupture...).

Passer à l'acte pour une transformation radicale dans la manière d'approcher la vie demande parfois beaucoup de courage. Dans tous les cas la détermination est nécessaire.

Pour vivre pleinement, il est fondamental de retenir que le manque d'estime personnelle, quelle qu'en soit la raison, conduit au renoncement à nos aspirations.

> « *La théorie n'est rien sans le passage à l'acte.* »

Le meilleur moment pour assumer la responsabilité de créer sa vie est toujours le moment présent.

Exercice

Citer trois décisions à prendre immédiatement pour aller vers une plus grande expression personnelle :

- Au niveau relationnel
- Au niveau affectif

Rester déterminé à changer

Chacun peut observer que les êtres humains ont une grande tendance à poser des actes à l'encontre de leurs aspirations. Il est toujours plus facile, en effet, de remarquer une attitude confuse chez les autres que chez soi-même.

À l'envie d'atteindre nos objectifs doit s'ajouter la cohérence (cf. page 103).

Cela signifie que, pour être efficace, il est nécessaire de maintenir la vision de nos buts et également de ne pas venir les contredire dans nos faits et gestes.

Par exemple, on ne peut en même temps vouloir acquérir une forme physique resplendissante et continuer à malmener son corps par trop d'excès.

Tout dans notre psychologie et notre comportement doit indiquer l'engagement et l'enthousiasme à poursuivre nos objectifs.

« Le changement n'est jamais une question de capacité, c'est une question de motivation. »
Anthony Robbins

Conclusion

NOUS POUVONS CONNAÎTRE davantage de puissance et d'harmonie dans nos vies grâce à une véritable alchimie intérieure.

Les clés essentielles d'une vie relationnelle riche reposent sur l'application de principes psychologiques et aussi en grande partie sur l'estime que nous avons pour nous-mêmes.

Le premier pas consiste à s'autoriser au bonheur en renonçant définitivement à voir une quelconque vertu dans la souffrance et en visant le meilleur.

La transformation passe d'abord par l'établissement d'une nouvelle vision libérée des limitations de l'autocensure trop souvent présente.

Il est impératif ensuite de s'engager à diriger nos pensées et notre imagination de manière constructive mais aussi notre attitude corporelle par l'allure, la voix, le regard, car l'influence de notre corps sur nos émotions est majeure.

Les résultats apparaîtront d'autant plus remarquables que vous parviendrez à donner simultanément la première place à l'amour dans votre vie.

> « *Commencez à imaginer ce que sera votre existence dès que vous serez en cohérence avec vos désirs profonds.* »

Questions/réponses

1 • Je fais toujours passer les autres avant moi et mes désirs restent au second plan. Comment changer cela ?

Si grand que puisse être votre bonheur à faire la joie de ceux qui vous entourent, il est toujours frustrant de renoncer à vos propres aspirations. S'imposer de toujours faire plaisir en s'oubliant soi-même révèle le plus souvent une peur de décevoir. À ce jeu, vous devenez vite manipulable, car vous vous sentez coupable dès que vous n'accédez plus aux demandes des autres.

Faites les choses quand vous avez envie de les faire et non par peur de déplaire.

2 • J'ai peur du qu'en-dira-t-on. J'ai envie de beaucoup de choses mais je me limite dans mes objectifs. Que dois-je faire ?

Les autres expriment leurs conditionnements et vous les vôtres. S'ils vous critiquent, vous n'avez pas à vous sentir concerné. En vous donnant le droit de vivre sans vous préoccuper du regard des autres, les choses changeront forcément dans votre vie.

Ne pas être prisonnier du qu'en dira-t-on vous met directement en contact avec votre créativité.

3 • Que faire devant l'insatisfaction ?

Plutôt que d'attendre que le changement vienne de l'extérieur, il est important de décider d'une transformation intérieure, d'adopter un modèle de pensées et de comportements qui va nous conduire vers vos objectifs.

La plupart des gens se focalisent sur ce dont ils ont peur au lieu de se concentrer sur ce qu'ils veulent. Lorsque nous modifions notre manière d'agir pour faire de nos désirs une cible, les résultats peuvent apparaître.

Commencez par définir exactement ce que vous voulez en vérifiant que c'est bien ce dont vous avez réellement besoin.

4 • J'ai de nombreux projets, mais j'ai l'impression que je n'aurai pas le temps de tous les réaliser.

Nous manquons de temps, d'une manière générale à l'heure actuelle, parce que notre comportement a changé par rapport au temps. Nous avons besoin aujourd'hui de beaucoup plus de temps, car nous voulons faire plus de choses.

Cela demande simplement plus d'organisation. Il ne faut pas voir cette nécessité de planification comme une contrainte mais comme une opportunité à gérer plus efficacement nos journées et aussi à savoir faire un tri, car « qui trop embrasse mal étreint ».

5 • Comment agir lorsque les vieilles habitudes de résignation prennent le dessus sur le désir de changement ?

La concentration sur nos craintes et nos doutes maintient dans l'inaction. Dirigeons au contraire l'énergie de nos pensées sur ce que nous savons nécessaire d'accomplir pour obtenir le changement souhaité. N'oublions jamais que le corps est aussi important que l'esprit pour modifier un état émotionnel.

Pour reprendre contact avec son désir de changement, une personne résignée doit souvent modifier, en premier lieu, son attitude corporelle. Parfois, le simple fait de sortir de chez soi ou de faire de l'exercice suffit pour se recadrer. Dans tous les cas, lorsque l'on veut accéder rapidement à un autre système de pensées, il faut bouger. Le dynamisme physique entraîne le dynamisme psychologique.

6 • Peut-on envisager une vie sans perte ou épreuve ?

La perte matérielle fait partie de l'évolution, car elle permet de comprendre le sens de la vie et doit être acceptée sans émotion démesurée. L'important, c'est de toujours considérer une perte comme un phénomène provisoire, le résultat d'actions inadéquates. Cela nous signale que nous avons quelque chose à changer.

Quant à la forme la plus difficile de la perte, le deuil, dans lequel nous n'avons aucune action, c'est par la volonté de nous tourner vers les autres et de faire des choses nouvelles que nous pouvons approcher le plus rapidement la paix. D'autre part, il faut être conscient que l'on peut honorer la mémoire de quelqu'un par la joie, le rire et en faisant vivre en soi le meilleur de la personne.

7 • Comment parvenir à un sentiment de sécurité financière dans une époque particulièrement troublée ?

L'insécurité face à l'argent est le reflet de l'insécurité que ressent notre ego. C'est seulement notre mental qui nous sépare, par nos peurs, de la confiance inscrite au plus profond de chacun.

C'est en travaillant profondément à acquérir la foi en nous-mêmes, indépendamment des circonstances, que nous pouvons changer notre perception du monde et ressentir une plus grande paix intérieure.

8 • Je suis honnête, je travaille et je n'ai rien !

Avez-vous réellement aspiré à la richesse jusqu'à maintenant et, surtout, pensez-vous la mériter ? Il serait utile de vous demander si vous l'avez déjà désirée intensément.

Posez-vous la question également de savoir si vous serez encore « quelqu'un de bien » à vos yeux une fois que vous serez plus riche ?

9 • Qu'elle est la plus grande erreur que l'on puisse faire lorsqu'on n'arrive pas à se sortir d'une situation ?

Renoncer à trouver une solution. Ne pas essayer une manière différente de s'en sortir.

Il est fondamental de refuser l'idée que le futur est conditionné par le passé.

L'avenir ne devient la répétition du passé que si l'on continue à vivre dans celui-ci.

Le présent est là pour nous permettre de corriger, par des décisions judicieuses, la trajectoire potentielle de notre existence.

10 • J'ai passé toute ma vie à ne pas m'aimer, est-ce trop tard pour moi ?

Si l'on compare la vie à une école, dès l'instant où l'on applique les règles de manière juste, on peut s'attendre à un résultat adéquat. C'est comme en physique ou en chimie : dès lors que les lois sont observées les résultats sont justes.

Dans la vie, les « opérations » ce sont nos pensées, nos paroles et nos actions.

11 • Pourquoi est-ce que je renonce toujours à mes désirs ?

Le renoncement à des désirs et des objectifs personnels révèle le reniement de soi ou, tout au moins, l'oubli de soi. C'est alors la peur ou le manque d'estime personnelle qui mène l'existence et non plus les buts. Il s'agit parfois aussi d'une peur d'assumer la responsabilité à créer sa vie.

L'énergie consacrée à vos peurs sera avantageusement employée à vous concentrer sur vos aspirations.

12 • Comment devenir toujours plus amoureux de la vie ?

Il semble essentiel de dire « oui » à toutes les situations qui se présentent à nous. La notion de changement doit devenir synonyme de possibilité d'évoluer.

Commencez par vous autoriser au bonheur.

Index des cas cités

Pierre ne s'accepte pas......15
Louis a une pâtisserie renommée dans un village......29
Jean regrette de ne jamais réaliser de projets importants......32
Nathalie désespère de trouver du travail à 50 ans......35
Judith, l'exemple d'ordre sentimental......37
Myriam aura mis vingt ans pour atteindre son seuil de tolérance… 43
Mickael découvre la capacité créatrice de la pensée......48
Pourquoi Richard recherchait-il la difficulté ?......51
Philippe doit changer son centre d'attention......53
Jacques et sa colère intérieure......55
Ingrid n'arrive pas à s'en sortir financièrement 58
Jérôme et sa passion pour la voile......60
Robert retrouve le plaisir dans son métier......62
Barbara était « accro » de la recherche intérieure......65
Valérie a une vie sentimentale destructrice......67
Josiane ignorait qu'elle fonctionnait comme une victime 73
La question de Gilbert sur ses finances......80
Jean-François et ses questions en matière d'argent......82

Annick s'inquiète pour son avenir sentimental 83
Guy et sa peur de parler en public..................................98
David utilise la méthode de visualisation 100
Patricia sabotait son désir d'abondance........................114
Anne fait ses premiers pas à la barre............................118
Jean et Carole vivent une situation conjugale
conflictuelle 121
Jeanne a été poignardée à 17 ans…..............................123
Hélène a dû attendre l'âge de 55 ans pour
réaliser le pardon 124
Gérald ignorait vers quelle profession s'orienter 130
Cécile incarnait la petite fille idéale 136
Sarah prenait l'amitié pour une denrée limitée 141
Patricia a épousé un garçon pour lequel
elle n'éprouvait ni attirance ni admiration… 147
Florence voulait épouser un homme riche 149
Elizabeth et son mari étaient devenus des étrangers
après dix années de vie commune 154
Céline envisageait l'existence comme un combat
pour la survie 158
Stéphanie et sa peur de l'inconnu 160
Marie découvre la cartomancie 162
Comment Martine et Paul pouvaient-ils perdre
leurs chaînes ?...163
Jean-Jacques dépasse le refus d'une perte...................165
Diana et la relation avec sa mère..................................167
Roger s'est imposé la douleur physique 169
Nathalie face à ses quelques kilos en trop...................170
Valérie est allée à la rencontre de ses désirs 173

Bibliographie

Bamy Maddly, *Fleur d'amour*, Éditions Fixot.

Chopra Deepak, *Les sept lois spirituelles du succès*, Éditions J'ai lu.

Gawain Shakti, *Vivez dans la lumière*, Éditions Le souffle d'Or.

Gray John, *Les hommes viennent de Mars et les femmes de Vénus*, Éditions Michel Lafon.

Marquier Annie, *Le pouvoir de choisir*, Éditions Universelles du Verseau.

Murphy Joseph, *La puissance de votre subconscient*, Éditions Tchou.

Ribeiro Lair, Prospérité, *Éditions Apolline*.

Robbins Anthony, *L'éveil de votre puissance intérieure*, Éditions Le Jour.

Scovel Schinn Florence, *Votre parole est une baguette magique*, Éditions Astra.

Servan-Schreiber David, *Guérir*, Éditions Robert Laffont.

Willer Ellen, *Les hommes, les femmes, etc.* Éditions Marabout.

Zelinski Ernie J., *Semez aujourd'hui, récoltez demain*, Éditions Stanké.

Contacter l'auteur

Pour toute information concernant les formations et séminaires de l'auteur :

Site Internet : www.christian-bourit.com
E-mail : drbourit@aol.com

Collection « Poches Jouvence »

Stimulez votre énergie vitale

L'auto-massage par le chi

Mantak Chia

Le massage taoïste, plus que le corps, cherche à stimuler le chi, centre de notre énergie vitale. Cette pratique nous libère de nombreux « blocages » en redynamisant les flux d'énergie de nos méridiens. Dix minutes quotidiennes suffisent à rétablir notre bien-être…

128 pages
Prix : 6,50 € / 12 CHF
Édition originale : 1990.

Transformez votre stress en vitalité

La voie du Tao

Mantak Chia

Le stress est le grand mal du siècle ! Pour y remédier, la voie du Tao est d'un grand recours : les émotions négatives se transforment alors en créativité, capacités d'assimilation et d'énergie redoublées. Libérez vous aussi votre chi !

144 pages • Prix : 7,50 € / 14 CHF
Édition originale : 1990.

Collection
« Poches Jouvence »

Halte aux autosabotages !

Déjouez votre saboteur intérieur

Richard D. Carson

Avez-vous souvent le sentiment d'avoir fait le mauvais choix, de ne pas être à la hauteur ou encore de rater chaque chose entreprise ? Si c'est le cas, alors votre saboteur intérieur vous tient sous son emprise ! Déjouer sa logique anxieuse et culpabilisante, voilà l'objet de cet ouvrage clair et à portée de poche !

128 pages
Prix : 6,50 € / 12 CHF
Édition originale : 2001 sous le titre Apprivoisez votre gremlin !

Les quatre accords toltèques

La voie de la liberté personnelle

Don Miguel Ruiz

Des croyances limitantes nous privent de joie, créent d'inutiles souffrances. Elles proviennent d'un conditionnement collectif fondé sur la peur dont l'auteur nous invite à nous affranchir à la lumière de la sagesse toltèque. Enfin la version poche d'un best-seller universel qui changera votre vie personnelle !

120 pages • Prix : 6,50 € / 12 CHF
Édition originale : 1999.

Dépôt légal : août 2006
IMPRIMÉ EN FRANCE

Achevé d'imprimer le 18 mai 2007
sur les presses de l'imprimerie « La Source d'Or »
63200 Marsat
Imprimeur n° 13708

*Dans le cadre de sa politique de développement durable,
La Source d'Or a été référencée IMPRIM'VERT®
par son organisme consulaire de tutelle.
Cette marque a été attribuée à l'issue d'un programme d'investissements
et d'un audit garantissant la totale récupération des déchets à des fins de recyclage.
Cet ouvrage est imprimé - pour l'intérieur -
sur papier bouffant "Munken Print White" 70 g
des papeteries Arctic Paper, dont les usines ont obtenu
la certification environnementale ISO 14001
et opèrent conformément aux normes E.C.F., F.S.C. et E.M.A.S.*